大学之理念

（增订版）

金耀基 著

生活·讀書·新知 三联书店

图书在版编目（CIP）数据

大学之理念／金耀基著. —增订版. —北京：
生活·读书·新知三联书店，2020.6
ISBN 978 – 7 – 108 – 06786 – 9

Ⅰ.①大…　Ⅱ.①金…　Ⅲ.①高等教育－教育理论－研究
Ⅳ.① G640

中国版本图书馆 CIP 数据核字（2020）第 022362 号

图书策划　活字文化
责任编辑　徐国强
装帧设计　康　健
责任校对　常高峰　张　睿
责任印制　徐　方
出版发行　**生活·讀書·新知** 三联书店
　　　　　（北京市东城区美术馆东街22号 100010）
网　　址　www.sdxjpc.com
经　　销　新华书店
印　　刷　河北鹏润印刷有限公司
版　　次　2020 年 6 月北京第 1 版
　　　　　2020 年 6 月北京第 1 次印刷
开　　本　880 毫米 × 1230 毫米　1/32　印张 9
字　　数　149 千字
印　　数　0,001 – 5,000 册
定　　价　58.00 元
（印装查询：01064002715；邮购查询：01084010542）

目　录

简体字增订版前言

　　《大学之理念》于 1985 年在台湾首度问世，2000 年有了香港牛津大学出版社的新增订版，2001 年又有了北京三联书店的简体字版。这本讲"什么是大学？"的书之所以能先后与海峡两岸暨香港的读者见面，盖因大家对"大学之为大学"的问题普遍地感兴趣与关注故也。

　　中国的大学是 20 世纪初叶在中国"现代转向"的大变革中出现的学术与教育上的新事物。中国的现代大学不是由帝国时代的太学、国子监承接过来的，而是随西潮之东来，自欧洲移植于中土者。20 世纪中叶以还，大学在现代先进社会已成为社会的中心结构，成为一个国家的文明与国力的指标，近二十年来，在大唱"知识经济""知识社会"的现代国家，大学的重要性就更突出了，因为大学正是创建与发展"知识力"

的场地。以今日中国言，大学之于中国的现代化事业，固是一关键，而大学之于中国现代文明秩序之建立，尤攸切相关。此书之作，对中国之大学的更上层楼者若有一小助，幸甚矣。

本次增订再版，新增一篇《人文教育在现代大学中的位序》，并收入两篇相关文字作附录。付梓之时，略缀数语，以为前言。

2008 年 3 月 15 日于香港

牛津版序

"什么是大学?"这个问题,我真正认真思考是在20世纪70年代中作客剑桥大学时开始的。想必是剑桥大学古典的浪漫气象与现代的理性精神引发了我的好奇心。我从剑桥的历史、文化、体制,一直探索到今日大学之源头、流变与功能。我的探索之旅从英国剑桥延长到美国的剑桥(当时作客于麻省理工学院),还写了名为《剑桥语丝》的小书。回港后不一年,1977年春被聘出任香港中文大学新亚书院院长,由是更不时对书院、大学之功能与角色有所反思。就在这个时期,在理论与实践的体认中,我对大学之理念、性格以及种种衍生的问题写下了一系列的文字,1983年的《大学之理念》就是由这些文字结集而成的。

《大学之理念》在八九十年代的台湾曾引起不少回响与共

鸣，它一连印了十二刷，并且在台湾的大学改革运动的过程中产生了一些影响，其中有几篇文字还被有些大学指定为通识教育的读物。中国是一个高度重视教育的国家，一个有教无类的教育家——孔子——被推崇到至圣先师的位置，这是其他文化所未有的。诚然，中国从古以来自有一套教育制度，汉代的太学是当时最高的学府，直到清代仍有国子监之设，它与汉代太学是一脉相承的。但清末以还，中国的教育产生了前所未有的变革，1905 年之"废科举、设学校"，是中国教育制度至为关键性的"现代转向"。北京大学是中国现代大学之开端，而北京大学之制度与精神，实是借镜西方大学的，所以中国的现代大学是"横向的移植"，而非"纵向的继承"。由西方移植过来的大学，要在中国生根苗壮，无可避免地会经过一个制度建构的转化过程，它的完善化、精致化是需要几代人的努力的。曾有人说大学是世上最美的一种机体，而在今日知识经济的时代，大学作为发展知识主要的地方，已经成为社会中最重要的一种机体了。诚然，大学越变得重要，就越需要对大学之理念与功能进行反思。何谓知识？知识是否只是一种或一型？大学又是否只是求真，而与美、善无涉？不夸大地说，大学之发展方向关乎一个国家的文明之性格。我们对大学不应采取一种狭窄之工具主义的观点。《大学之理念》是我个人对"大学之为大学"的一些看法。当然，在书中处处透显出我的主观的价值倾向。

《大学之理念》原版是十七年前在台湾出版的，在这个新的牛津版本中，我删去了原版中六篇短文，增加了四篇新的文字，我希望这版《大学之理念》能继续引起关心中国大学的前景的人一些思考。是为序。

2000 年 9 月

初版自序

这是我近几年来所写有关大学的一个文集。

在过去近四分之一个世纪中，我不是在大学读书，就是在大学教书，但说来连自己都觉得不可思议，我的第一篇讨论大学的文字（《二个文化的对垒与技术人文主义》）还是1975年在作客剑桥时写的，而那篇东西又是我在写了一连串关于剑桥的感性的文字（见拙著《剑桥语丝》）后才动笔的。诚然，那篇文章确是为剑桥所触发的。剑桥这所著名的中世纪大学有探索不尽的幽秘，但在捕捉欣赏她迷人的清灵之姿和夐异流俗的风格之余，更有一种想了解她学术的内在精神和文化特性的冲动，这就是我那篇文字的来由，也因此使我第一次对"大学之为大学"这个问题作了一次较有系统性的研究。那次研究引起我对大学更多的兴趣，使我接触到纽曼（J. Newman）、弗莱克斯纳（A. Flexner）、怀特海（A. Whitehead）、贾斯佩斯（K. Jaspers）、韦伯（M. Weber）、哈钦斯（R. Hutchins）、加德纳（J. W. Gardner）、克尔（C. Kerr）、阿什比（E. Ashby），以及帕森斯（T. Parsons）等阐发大学之妙旨精义，并且影响了我对"大学"的思考。

大学之理念或大学之为大学，虽非言人人殊，但亦不是异口同调。事实上，纽曼在其传世之作《大学的理念》（*The Idea of the University*）中所抒发的道理与弗莱克斯纳的经典巨制《大学》（*Universities*）所论述的就大异其趣，而哈钦斯的《人文的社会》（*The Learning Society*）大著中所标举的理想与克尔的《大学之功能》（*The Uses of the University*）这本杰作中所分析的几乎是针锋相对。诚然，时移势变，社会文化的变迁，会影响到大学的位序和性质，也会改变我们对大学之期待与看法。但是，在另一方面，先贤往哲对大学所怀抱的一些基本理念，如中国"大学"之道"在明德，在亲民，在止于至善"以来所建立的突出"人统"（别于"事统"与"学统"，此一看法钱穆先生有很精透的阐析）的教育理想；西方中世纪以来所形成的四海一家的大学之世界精神；韦伯、贾斯佩斯、蔡元培所坚执的学术与思想之自由与独立；纽曼、哈钦斯所宣扬的博雅教育；阿什比所强调的专精知识；怀特海所珍视的想象力与实用经验以及弗莱克斯纳念兹在兹的知识之探索（研究）；加纳德断断于卓越境界的论析。这些理念，无一不是今日大学的源头活水，也无一而非继续形塑大学性格的观念力量。不过，历史的流动常快过智者的洞识烛照，诚如克尔所指出，当纽曼颂扬古老的牛津之理念时，新的牛津却正在诞生；正于弗莱克斯纳宣述"现代大学"之精神时，他心目中的"现代大学"在 1930 年时却已经濒临死亡。克尔的书则为继而新起的大学取名为 multiversity（勉译为"综集大学"），他说纽曼的大学是一个"村落"，弗莱克斯纳的大学是一个"市镇"，而今日他所看到的大学则是一个五光十色的"城市"。我虽然对于哈钦斯描绘的大学之理念，心向往之，但克尔有力的分析逼使我们用积极的眼光正视现境，瞻望将来。的的确确，大学像一切组织体，不可能一成不变；变是发展的契机，但成长的锁钥却在变中保有不变。所有文化的成长都是承续与变迁的结合。今日的大学（或综集大学），显然比过去的大学有不少优胜之处，但同时也出现了种种新的问题，譬如通识教育与专精教育的孰轻孰重？教学与研究诚不可偏废，唯应如何配合才可相辅相成？平等与卓越皆大学之所欲有，然则二者应如何始能得而兼之？大学不能为象牙塔，但是否应一意成为社会的服务站？大学应享有独立与自由，固无可争议，但大学是否应该或免于国家与社会的监督呢？"学统"或知性为主的大学中，人统或品性教育又应有如何的位置呢？大学不能不有相当的规模，否则不足以发挥充分的功能，但一味求大，以致体躯发达，头脑萎缩，犹似恐龙，又是否真能有高度效能？这种种问题皆无黑白分明的答案，也因此出现了相当暧昧的局面，当然，也因此更富于挑战性，而需要无止境地寻求答案的智慧与勇气。一丝不假，今日的大学正处于转型的阶段。一次世界大战之后，美国在世界大学教育上，无疑地已竞鞭领先，但乔丹（David S. Jordan）曾说："真正的美国大学仍在未来。"诚然，美国不少的大学大则大矣，好则好矣，但它们仍未能发展出整全的性格，仍未能为其目的与功能定性定位，其实，这在中国，在其他国家的大学又何尝不然呢？

大学之目的与功能，尽管还未能定性定位，但有一点是十分肯定的，即大学在整个社会中的重要性已越来越显明，用社会学家帕森斯与贝尔（D. Bell）的说法，大学已成为社会的中心结构，大学教育之良窳足以影响乃至决定一个社会的文化与经济的盛衰。不算太夸大地说，我们看一个国家的大学之质与量，几乎就可判断这个国家的文化素质和经济水平，乃至可以预测这个国家在未来二三十年中的发展潜力与远景。就今天来看，美国与日本在大学教育上的投资是巨大的，其及于大学学龄的国民中高达百分之三十到四十皆可接受大学教育，这是不是多少为今天美、日二国所享的世界位序提供了一个解释？在17、18世纪，大学者、大思想家如斯宾诺莎（Spinoza）、笛卡儿（Descartes）、洛克（Locke）、莱布尼茨（Leibniz）和伏尔泰（Voltaire），可以未入大学之门，亦不足惊怪，但在20世纪的今天则不能不视为异数或鲜例了。可以预见，大学在发展知识与培育人才上的作用将是越来越重要的，大学无疑将在形塑、改造和推动社会上扮演一个主要的角色。亦因此，如何善用，或如何防止误用大学应该是任何社会、国家第一等的大事。

大学已变得越来越复杂，环绕着大学的问题何虑百千，我这本文集中所触及的犹如瞎子摸象，只是一鼻一足，实不能以知全象。我只是觉得大学的重要，遂顾不得周全不周全，把自己研究和观察所获的一些心得，写出来让关心大学的人参考和指正。

本书之得以出版，实是拜高信疆先生与柯元馨女士的好心催逼，理应特别致谢。陈焕贤女士在她繁重的工作日程中更为我找资料、誊书稿，费神至多，我愿借此机会致诚挚的谢意。

大学之理念、性格及其问题

上编：大学之源头、理念与性格

1. 现代大学之源头与原义

大学的起源可以上溯到中国的先秦、西方的希腊与罗马，但现代大学之直接源头则是欧洲中世纪的大学。大学是中世纪的特殊产物，中世纪是宗教当阳称尊的世纪，它对西方文化的影响向来是学术上缠讼不休的事，但没有人否认大学是中世纪给后世最可称美的文化遗产。

university 一词原无确指，与 community、college 二词通用，之后，则成为一种特殊的"基尔特"（guild，即行会）之称谓。与英文 university 一词最接近的中世纪称谓是拉丁文 studium generale，它是指"一个接纳来自世界各地的学生的地方"，而非指"一个教授所有课程的地方"。而中世纪时拉丁文 universitas 一词则指一群老师宿儒（master）或一群学生所组合的学术性的"基尔特"。到了 15 世纪，studium generale 与 universitas 二字变成同义，都变成英文 university 的前身了。[1]

中世纪大学中以法国的巴黎大学、意大利的博洛尼亚大学为最早，或称为中世纪大学之原型。两者皆是 12 世纪出现者，其他如英国的牛津、剑桥，意大利的萨莱诺（Salerno），德国的海德堡、科隆等，都是中世纪大学的佼佼者。中世纪大学与宗教不能分，大学最早是寺院形态，13 世纪则是教堂形态，之后才成为"基尔特"性格，并从宗教中逐渐解放出来。就今日的大学来说，牛津与剑桥可能是最保有中世纪大学的原趣的，至少牛津、剑桥是从中世纪一脉相传下来，在七八百年无数的变迁中仍然保持了其古典性格的。

中世纪大学最值得一提的是它的世界精神、超国界的性格。14 世纪欧洲在学问上有其一统性，它有一共通的语言（拉丁语）、共同的宗教（基督教），教师和学生可以自由地云游四方，从博洛尼亚到巴黎，从巴黎到牛津，在同一的上帝的世界

---

[1] Hasting Rashded, *The Universities of Europe in the Middle Ages* (1895), eds. by F. M. Powicke and A. B. Emden, Oxford University Press, 1936, 3 Vols. Vol. 1, ch.1.

里，甲大学的学者可以受到千里外他国乙大学学者的款待，论共通的书，谈共通的问题，宾至如归。中世纪大学的"世界精神"后来因拉丁语的死亡、宗教的分裂而解体，直到19世纪末时才又渐渐得到复苏，至20世纪则又蔚为风气。现代大学的"超国界"性格的基础则不在共同的语言或宗教，而在科学的思想，而在共认的知识性格。此所以现代大学之间常有学术会议、交换计划等。

2. 大学的理想与性格

大学的理想和性格几个世纪来已发生许多的变化。第一本给大学系统性地刻画一个明确的图像的重要专著也许是19世纪的牛津学者纽曼的《大学的理念》[1]。纽曼认为大学是一个提供博雅教育（liberal arts education）、培育绅士的地方（虽然他也认为大学可以训练职业人才）。他以为大学之目的在"传授"学问而不在"发展"知识。他说："如果大学的目的在科学的与哲学的发明，那么，我看不出为什么大学应该有学生。"纽曼之书为论大学之经典。他心中大学所应培育之绅士乃指通

---

〔1〕 John H. Cardinal Newman, *The Idea of a University* (1852), New York: Images Books, 1959.

达而有修养与识见之文化人，此一教育理想影响英国教育甚巨，亦是 19 世纪牛津、剑桥之教育薪向。简言之，纽曼之大学理想着重在对古典文化传统之保持，教育之目的则在对一种特殊形态之人的"性格之模铸"（character formation）。纽曼的大学之理念显然是"教学的机构"，是培育"人才"的机构。这个理念也许是古典大学遗留给今日大学教育最重要的遗产。

19 世纪末时，大学的性格开始巨大的形变。这一改变始于德国。德国大学亦由中世纪一脉相传而来，唯到了 19 世纪末叶时，在洪堡（von Humboldt）及阿尔特霍夫（Althoff）等人的革新下，柏林大学首先旧瓶装新酒，彻底改制，摆脱中世纪的学术传统，标举大学的新理念。他们大学的新理念就是以大学为"研究中心"，教师的首要任务是自由地从事于"创造性的学问"。如亥姆霍兹（Hemholtz）所说，每个学生则应该至少在日益增大的"知识金庙"上置放一块砖石。这种大学的理念与纽曼所怀抱者迥然不同，因为它所重者在"发展"知识而不在"传授"知识。当然，大学仍把"教学"看作重要的功能之一。德国这种大学的新理念逐渐影响到欧洲各国，并对美国大学产生根本性的冲击。中国现代教育家蔡元培之改革北京大学就是以德国大学为模式的。在 20 世纪初时，德国确实成为世界大学的耶路撒冷。

德国大学的新理念，在美国大学的先驱者弗莱克斯纳（A. Flexner）的《大学》（*Universities*）[1] 一书中获得系统性的阐扬。弗莱克斯纳的《大学》一书成于 1930 年，已被公认为一部论大学的现代经典。他在该书第一篇就标举出"现代大学的理念"（the idea of a modern university）。他特别强调"现代大学"，以别于早他七十多年的纽曼之"大学"。弗莱克斯纳肯定"研究"对大学之重要，肯定"发展"知识是大学重大功能之一，但他却给"教学"以同样重要的地位。他指出，"成功的研究中心都不能代替大学"，也即大学之目的不只在创发知识，也在培育人才。弗莱克斯纳对大学有一整套的看法，他以为大学必须是一"有机体"（organism）。他赞成大学应该探讨"物理世界""社群世界""美术世界"的种种知识，但他反对大学训练"实务人才"，反对大学开设职业训练（vocational training）之课程，他也反对大学的无限扩大，这会破坏它的有机性，他更极力反对大学成为社会的"服务社"（service station）。他强调大学应该是"时代的表征"，但他不以为大学应该随社会的风尚、喜恶而乱转，他并不以为大学

---

〔1〕 Abraham Flexner, *Universities: American, English, German*, New York: Oxford University Press, 1930, Paperback 1968.

应该是"象牙塔",但他强调大学应严肃地批判地把持一些常永的价值意识。

论大学理念的书与文,不知凡几,但德国哲人贾斯佩斯的《大学理念》(*The Idea of the University*)[1]一书却值得特别一提。贾斯佩斯此书成于希特勒统治崩解、德国大败、德大学受创极深之际。他以哲人之智慧,筹思人类学术的路向,发挥大学之理念。贾斯佩斯以大学之使命只在忠诚于真理之探寻。在他,大学乃是一师生聚合以追探真理为鹄的之社会而已。他认为大学乃为对知识有热情之人而设。真正的大学必须具有三个组成部分:一是学术性之教学,二是科学与学术性的研究,三是创造性之文化生活。三者不可分,分则必归于衰退。贾斯佩斯特别强调大学是一"知识性的社会"(intellectual community),也以此特别强调学术自由与容忍的重要。同时,他也肯定大学教育之目的在模铸整全的人。这就是他所以主张在教学与研究之外,大学更应措意于创造性之文化情调。从理想上说,师生之间应该有苏格拉底式的对话。贾斯佩斯重视大学之尊严与独立性,以大学为"国中之一国",但他不以为大学可遗世独立,故他极力主张把"技术"(technology)引进大

---

[1] Karl Jaspers, *The Idea of the University*, ed. by Karl Deutsch, London: Peter Owen, 1960.

学，并以为技术在大学应占一中心位置。（许多古典大学如牛津、剑桥都以技术不登大雅之堂，而长久以来均加以拒斥。但目前则已有变。就此点言，剑桥的阿什比爵士可说是贾斯佩斯的同道，阿什比且高唱出"技术人文主义"的理论[1]。）贾斯佩斯相信组织的整全性、大学的整全性，他认为了解事物现象之整全性是人之求知欲的锁钥。但知识之发展却不能不靠分工，知识的深度尤不能不依赖学术的专精。事实上，学问上分为院系可以追索到中世纪大学。贾斯佩斯不反对学术之专门化，但他强调知识应该有一整全的存在。大学应该是一有机的整体，在中世纪大学，这种整全性与有机性是存在的，但他以为今日的大学都成为一组无所关联的学科的聚合，并没有整全的有机性。当然，我们不能回到中世纪，但现代不断膨胀的知识与研究又应如何在大学中加以整合呢？关于这一点，贾斯佩斯与弗莱克斯纳一样，都提出了很多的理念、很好的问题，但却并没有真正有力的答案。

自二次世界大战之后，大学教育在世界各地都有蓬勃的发展，而在美国尤其获得快速与惊人的成长。在 1876 年前，

---

[1] Eric Ashby, *Technology and the Academics*, London: MacMillan, 1966. 此点可参拙文《二个文化的对垒与技术人文主义——对剑桥教育的一些观察》。

美国只有书院，还谈不上有真正的大学，而此后在吉尔曼与艾略特等人的改革发展下，步德国大学的后尘，才一步步提高大学的水准。二次世界大战以来，美国大学不但在量上言，为举世之冠；在质上言，其一流学府，如哈佛、伯克利、芝加哥、耶鲁等较之欧洲任何大学亦毫不逊色，且或有过之。时至今日，论者几莫不以美国为当代大学之重镇。美国大学之发展自与其国力交光互影，彼此影响着。讲美国大学，当然须知其品流参差，但我们所应注意者则是那些具有领导性地位的大学，看看它们的理念与性格。就我所知，对美国大学之发展极深了解而能掌握其精神面貌的是前加州大学校长克尔。克尔的《大学之功能》（*The Uses of the University*）一书[1]，其论点与见解极多挑激性，是了解当代大学不可不读之书。美国的先进大学，一方面承继德国大学重研究之传统，一方面也承继英国大学重教学之传统。我们可说，美国的研究院采德国模式，大学部则多少受英国影响。但当代的美国大学，如克尔所指出，早已越出了德、英的模式，而发展出自我的性格。美国的大学狂热地求新、求适应社会之变、求赶上时代，大学已经彻底地参

---

[1] Clark Kerr, *The Uses of the University*, New York: Harper Torchbooks, 1963. 美国当代大学之面貌与问题，亦可参 Robert S. Morison ed., *The Contemporary University USA*, Boston: Bacon Press, 1967。

与到社会中去。由于知识的爆炸及社会各业发展对知识之倚赖与需要,大学已成为"知识产业"(knowledge industry)之重地。学术与市场已经结合,大学已自觉不自觉地成为社会的"服务站"。象牙塔内与象牙塔外的界线越来越淡漠,甚至泯灭了。大学内部则学生可以多达五六万,甚至十万以上;学术之专化更是惊人,如整个加州大学课程之多竟达一万门之数,不但隔行如隔山,即使同行的人也是无法做有意义的交流。而教授之用心着力多系研究,教学则越来越被忽视。教授的忠诚对象已不是大学,毋宁是支持他研究的福特基金会、西屋公司或华盛顿。一个教授所关心的不是他隔壁他行的同事的评价,而是其他大学乃至其他国家的大学的同行的评价。大学越来越大,越来越复杂,它的成员已不限于传统的教师、行政人员和学生,还包括许多"非教师"的教学人员(如研究教授),它的组织已不限于学院(faculty)、书院(college),还包括无数的研究中心、出版社、交换计划中心……它的活动已不限于研究、教学,还包括对外的咨询、与国外的合作(加州大学的研究计划涉及五十几个国家和地区)等。总之,在数量、组织、成员、活动各方面,今日美国的大学与以前的大学已大大不同。这种大学的理念及性格与纽曼的构想固然相去十万八千里,与弗莱克斯纳、贾斯佩斯的构想也迥然有别。克尔认为纽曼心目中的大学只是一"乡村"，弗莱克斯纳心目中的大学也只是一"市镇"，而当代的大学则是一五光十色的"城市"了。克尔对美国大学的巨变虽然认为不是没有问题，但他显然是乐观而正面地加以肯定的。他同意戈登（D. S. Gordon）所说真正的美国大学，还在未来。但他肯定今日的美国大学将成为世界各大学的模型。克尔给今日美国大学一个新的称呼，即 multiversity（勉译为"综集大学"）。因为它的性格已不是 university 一词所能表达的了。克尔的 multiversity 一词确是神来之笔，因为它的确很象征化地表显了当代大学的性格。诚如他所说，今日大学不再是弗莱克斯纳所说的"有机体"，不再具有统一性，而毋宁是一多元体，并具有高度的多样性。他老老实实地说，multiversity 不是一个和谐合调的组织，它也不是一个"社会"（如贾斯佩斯所说的大学是一"知识性的社会"），而是许多个不同的社会，或者说是一个多种目的之多元性社会。在此，我们先不必对克尔的 multiversity 的概念加以批评，但要指出，克尔的确很有力而生动地描绘了当代美国居领导地位之大学的性格与动向。事实上，他并没有太夸张，美国这种大学的理念与性格确已越来越被其他国家和地区的大学有意或无意地视为模型。

下篇：对大学一些问题的探讨

在上篇中，我们已做了一些对大学之源头、理念与性格的论述。这些看法只是比较有代表性的，当然不能说没有其他的看法。事实上，"什么才是一真正大学？"并非容易有一绝对的答案，且常是争论不休的。同时，我们要知道，大学不是存在于社会的真空的，它是大社会的一个组成。因此，大学的理念与性格不是常永不变的，它不能不因社会之变而有变革。20 世纪 80 年代的今天，大学在教育民主化及知识爆炸的刺激下大大发展，但大学，特别是克尔的"综集大学"，也出现了种种问题，甚至可虑的危机。[1] 在这一篇里，我将提出今日大学所面临的一些共同问题与挑战，以供大家思索与探讨。

3. 专精与通博

大学教育，自古分科，孔门之学即分德行、言语、政事、文学四科。南朝宋文帝将大学分为玄、儒、文、史四学。西方

---

[1] 此可参 Charles Frankel ed., *Issues in University Education*, New York: Harper & Brothers, 1959; Theodore Roszak ed., *The Dissenting Academy*, New York: Vintage Books, 1968; James Ridgeway, *The Closed Corporation: American Universities Crisis*, New York: Random House, 1969。最后一书有龚念年译本《美国大学的危机》，香港：文教出版社，1974。

中世纪大学亦分文法、修辞及逻辑三科，或算术、几何、音乐及天文四科。学术有专攻，应是无可置疑的。但今日学术专门化越来越烈、越来越细，不只发生斯诺（C. P. Snow）所说二个文化之对垒问题，且是"多种文化之相隔"之问题，不只发生"隔行如隔山"之现象，即使同行之学者亦往往无法沟通其所见所学。"道术分裂"一至于此，学术之深度固然加增，但见木不见林，知识之整全性之掌握则戛戛乎难了。诚然，专业化是学术发展中不可避免的，怀特海（Whitehead）且说："我确信在教育中，你排除专精（specialism），则你摧毁了生命。"[1] 今日知识上的许多突破显然与专业化有关，而就大学教育来说，一定程度的分科也是必要的，至于社会之职业结构越来越需专门知识的情形下，学生专修一科一系也是必要的，但大学教育毕竟不应只是训练一技一能之士。一个大学生应该对人类知识文化有相当程度的了解，对自己民族的学术文化有一基本的欣赏与把握，同时，他应该养成一种独立思考、判断的能力；一种对真理、对善、对美等价值之执着的心态。世界大学莫不对于学科综合的问题视为知识学上及教育上

---

[1] A. N. Whitehead, *The Aims of Education & Other Essays*, New York: The Free Press, 1967, p. 10. 教育之必须通过专精之路，而提出极有意义之看法者，阿什比爵士之书是值得深究的，参见页 17 注 [1]。

的重大挑战。在知识学上如何建立贾斯佩斯所说之一有机的整体，殊非易事，即就人文学与科学之整合已经困难重重，更何况集各种学术而冶为一炉？至于教育上则历来莫不在专精与通博上求统合、求平衡，而其方法则有多种：牛津之 Modern Greats 合政治学、哲学、经济学而治之是一途；英国基尔大学（University of Keele）之将第一年定为"基础年"（foundation year），旨在探讨西欧文明之背景、遗产、成就及其问题是另一途；通过科际整合之研究（interdisciplinary studies）又是一途。至于美国之博雅教育及通识教育（general education）更是最普遍典型的途径。[1] 香港中文大学除由大学提供专科教学外，又由书院提供通识教育，亦可说是一条值得走的道路。但专精与通博的平衡之路是仍然值得不断探寻的！

4. 教学与研究

今日主要的大学莫不承认大学不只是"传道、授业、解惑"而已，它更负有培根所倡的"发展知识"的任务。德国大学首先标举研究之重要，确使大学之学术性格更见精纯。

---

〔1〕 这方面的讨论可参见 Basil Fletcher, *Universities in the Modern World*, London: Pergamon Press, 1968。

而今日美国许多大学则越来越重研究，所谓"出版或死亡"（publish or perish）且浸假成为教师升迁及实授与否的唯一标准。不研究、不出版在美国主要大学中是无立足之地的。不能否认，大学之重研究与出版具有提高学术水准的功能，不过把研究与出版提升到最重要，甚至是唯一衡量教师成就的标准时，则不能不说无其偏弊。其弊端之一则显然是把教学的重要性压低了。由于研究之受到如此重视，许多教授的精神时间泰半投入研究中去，相对之下，教学，特别是大学本科教学，是居次要地位了。师生之疏离固因而日见严重，即教师之认同亦自其所属之大学而移转到支持其研究经费的基金会、公司或政府身上。在此情形下，大学不过是一传舍，而大学之为一"学人之社会"之理念亦因而受到伤害。关于教学与研究之关系，究为相辅相成，抑是相克相抵，常为学者辩争之论题。我们以为研究与教学在一适当平衡安排下，研究不但不与教学相克，而且相辅相成。因为教师只有通过研究才能使其教学更有内容，更有创造性之发挥；同时，也只有通过教学才能使其研究更有生命，更有心灵上之冲击。若过分偏于教学，则大学较之中学实无大别。反之，若过分偏于研究，则大学将成为研究中心，而实无保留大学之名的必要。但我们应如何对教学研究取得一适当的平衡呢？

5. 学术的独立自由

中世纪以来，大学求独立自由，经过无数的奋斗与努力，它们向教会争自由，向皇室争自由，向一切世俗的权势争自由。一部世界大学的发展史可说是一部争学术独立自由的历史。大学之学术独立自由是不可视为当然的，是相当脆弱的。德国大学有很高的独立自由，但希特勒当政时即彻底摧毁了大学的独立自由，而一切极权国家亦根本不承认大学之独立自由。此贾斯佩斯所以在他的《大学理念》大著中一而再、再而三强调大学学术自由的重要。他以为大学必须具有"知识上自由的交流"。诚然，不如此，则学术窒息，知识堕落，大学成为社会政治的附件，大学也不成为大学了。民初北京大学校长蔡元培先生就是一位大学独立自由的信仰与守护者。他曾说："大学者，'囊括大典，网罗众家'之学府也。"（《北京大学月刊》发刊词）又说："我素信学术上派别是相对的，不是绝对的，所以每一种学科的教员，即使主张不同，若都是'言之成理，持之有故'的，就让他们并存，令学生有自由选择的余地。"[1]他相信"此'思想自由'之通则，而大学之所以为大也"。一位曾在北

---

[1] 蔡元培：《我在北京大学的经历》，转引自陈哲三：《中华民国大学院之研究》，台北：商务印书馆，1976，第19页。

大受教育的学者洪炎秋先生说:"北大的好,就好在它的师生,大都带有狂狷的倾向,所谓'狂者进取、狷者有所不为',也就是所谓的'独立自由的精神'的意思。"[1]英哲罗素(Bertrand Russell)认为在教育过程中,不能免于有争论性的意见,也不能避免与当代有关的问题,在学校中即使有政治性的宣传也不足为害,但真正足害于教育者是"单面的宣传"[2],是一种声音,一种独断的声音。的的确确,学术的独立与自由应该是大学的"最高的原则",只有在这个原则的坚持与维护下,大学才能致力于真理的探索,才能在辩难析理的过程中将错误、独断的假知识减至最低程度,而有可能一砖一石地建立起"知识的金庙"来。

6. 知识与德性

大学目的之一在培养人才,殆为不争之论。虽然培养什么样的人才常因国家文化之别而有异,牛津、剑桥于 19 世纪在培育文化型的绅士与行政人才,美国的博雅书院(liberal arts college)在培育民主社会之公民,苏联的大学则在训练技术人才(此虽与马克思之反职业的想法相异),不一而足。从

---

[1] 见邱秀文:《洪炎秋别无选择》,1977 年 6 月 22 日《中国时报》。

[2] Bertrand Russell, *Education and the Modern World*, W. W. Norton & Co., 1932, pp. 218-221.

大学的发展史来看，大学越来越专业化，培育之人才亦越来越重职业之专才，而在工业化的社会中，高等教育已被看作是一种"人力投资"，大学更成为"知识工厂"，旨在训练社会各业的"人力"。关于这一点，前芝加哥大学校长哈钦斯是最不能容忍的[1]。他认为大学教育之目的不在训练"人力"（manpower），而在培育"人之独立性"（manhood）。在这里，我们要提出大学教育是否应该在知识以外，更应重视德性的问题。德性之重要我想是无人会怀疑的，德性之重视可说是自古以来中西教育所同然的。中国向来把"尊德性"与"道问学"并提。钱宾四先生指出中国的学问传统向来有三大系统，他说：

第一系统是"人统"。其系统中心是一人。中国人说："学者所以学做人也。"一切学问，主要用意在学如何做人，如何做一有理想有价值的人。

第二系统是"事统"。即以事业为其学问系统之中心

---

[1] 哈钦斯在教育思想上极有地位，他的教育哲学与杜威（J. Dewey）常针锋相对。他的思想是较接近弗莱克斯纳与贾斯佩斯的。见氏著 *The Learning Society*, Pelican Book, 1970。

者。此即所谓"学以致用"。

第三系统是"学统"。此即以学问本身为系统者。近代中国人常讲"为学问而学问"即属此系统。[1]

中国之学问最重第一系统，即"人统"。《大学》中所讲"大学之道在明明德，在亲民，在止于至善"，即是此意。当然，如钱先生所示，中国的宋儒，对第二系统、第三系统亦甚重视，而清儒则对第三系统更见着力。不过，比较起来说，西方现代大学之理念最重第三系统，即知识学统，此纽曼即以大学之任务是"知识性，而非道德性"的。不过，西方早期宗教气质浓重的大学也是重视第一系统的，亦即重"做人"系统的，譬如一百年前剑桥的克莱尔（Clare）书院的学生，他必须完全符合英国教会的教条，否则就不能毕业。今天，在原则上，任何大学都不会否认"德性"之紧要，但在实行上，则什么是聘请教师或招收学生必备的德性条件，却非易决定。我们常听说"高尚的情操""尊贵的人格""正当的行为"这些话。

---

[1] 钱穆：《有关学问之系统》，见钱穆：《中国学术通义》，台北：学生书局，1977，第225—226页。

但在一个急剧变迁而多元性的社会中，要绝对界定这些德性的要求，则是难之又难的。以此，我们看到世界大学对教师与学生的行为有越来越自由放任的倾向。

谈到道德的绝对性，法国生物学家莫诺（Jacques Monod）相信，只有"科学方法"才是人类道德唯一的范典。其他道德则皆不足恃。莫诺的"科学方法"主要是指对真理追求之真诚不欺。无疑的，莫诺的答案是不周全的，不过，他的说法也非无价值。事实上，一个人对真理与知识有绝对真诚乃至进入宗教感时，则真正达到言行一致、表里无违的田地，这当然是一种德性。能够尊重客观证据，一以理性为导引之人，必不会"曲学阿世"。曲学阿世是学界之贼，自不应立足于大学。西方大学以"学术真诚"作为学者人格的标准。［斯诺的小说《丑闻》（*The Affair*）中对此描写甚好。］同时，以"学术欺诈"（academic dishonesty），如抄袭、舞弊，为大学生之德性的大缺点，非无道理。但莫诺以"科学方法"为道德范典之说显然较偏于知识世界，较偏于"真"的领域，而于人事世界，于"善"与"美"的领域则较难适用。但如前所说，一般德性又难于建立一共认的标准，以此，剑桥的阿什比乃老老实实地主张，与其空谈一些无法真正有拘束力的道德口号，不如承认教育是一种职业，建立一套职业的伦理规则（ethic code）以为遵守。他所提出的是教师应立一 Hippocratic Oath（古时行医者所发的誓约）。教师"誓约"之约束教师对学生之责任，犹之乎医生之对病人然。[1] 阿什比的提议是很严肃的，但他提出的教师誓约的内容却还是不够清楚，且是偏近于知识的真诚的信守方面，这对于中外大学传统上所要求的德性一点还是不足的。特别是如何发展大学生的"德育"上还需要我们进一步的探讨。

7. 书院的文化生活与品性之培养

在第一义及最后义上，大学应该是一研究学问、追探真理的地方。但我同意贾斯佩斯的说法，大学在研究与教学之外，尚应有"创造性的文化生活"。实际上，第一流的大学，特别是历史悠久的大学，无不有意无意地都在培育一种文化生活。牛津、剑桥固以此闻名于世，即使哈佛、耶鲁、海德堡、东京帝大，以及过去的北大等，亦无不在知性生活之外，尚有其丰富的文化生活。文化生活常决定大学的风格，常影响学生的气质品性。文化生活简单地说就是生活得有文化。我这里所

---

[1] 参见 Lord Ashby with G. R. Urban, "A Hippocratic Oath for the Academic Profession", *Freedom at Issue*, No.33, Nov.-Dec. 1975, pp. 20-28。

用"文化"一词非文化人类学所指的文化，而是指一种有文学气质、有文生情调、有生命意义的生活方式。在这种文化生活里，华贵而不可有铜钱臭，简朴清素而不可"辣挞"无礼数。纽曼也许是对的，"大学不是诗人的生地"，但一所大学如果不能激起年轻人一些诗心的回荡、一些对人类问题的思索，那么这所大学之缺少感染力是无可置疑的。

大学的文化生活之形成，靠多种不同的力量，但老少学者居息一堂，朝夕切磋，显然是有力的因素之一。牛津、剑桥之书院生活是典型的例子，哈佛洛厄尔（A. L. Lowell）所倡的"屋舍制"（House System）则是循牛津、剑桥的轨迹，纽曼曾说：

> 假使给我两个大学，一个没有住院生活和导师制度，而只凭考试授予学位；一个没有教授和考试，而只聚集着几辈少年，过三四个年头的学院生活。假使要我选择其一，我毫不犹豫地选后者。[1]

今日的大学，如前所述，已经渐渐成为克尔所描写的"综集大学"，那是一个庞大复杂的多元化"城市"。在一个

---

[1] 此据孟承宪：《大学教育》，台北：商务印书馆，1972，第105—106页。

几万，乃至超过十万人的大学，的确更能有网罗师资、发展研究的能力，但要想出现一个有整体性的有机性之文化生活是不可能的。求大求新已是今日大学有力的趋势，这对教学、对师生之关系所造成的坏影响是不能忽视的。其实，就是克尔本人也感到了这问题的严重性，所以他认为，"在大学越来越大之际，如何使大学看来小一些"是一挑战性的问题。在这里，我们不妨提一提牛津经济学者舒马克（E. F. Schumacher）的《小的是美丽的》(*Small is Beautiful*, 1974）这本风行一时的书。他承认巨型组织在今后是少不了的，而最根本的任务是"在大组织中获求精小"。哈钦斯也认为今日大学之为一科层组织（bureaucracy）殆不能免，但如何一方面保有其"大"的好处，一方面能维持一个"小"的范围而使师生多相接触则为上策。他的构想是把大学转为许多小型书院的联合体。当然这就是牛津、剑桥的模型，也是弗莱克斯纳大加赞美的模型，今日中文大学亦可说是依此而组织的。今日书院当然已不能小到如诗人弥尔顿（J. Milton）《论教育》中所讲的以一百五十人为度了（剑桥小的书院仍如此，但大的书院则亦逾千人了），但书院的规模毕竟对师生之接触还能提供一个较亲切的环境。

　　我以为规模较小的书院，在师生经常接触的基础上，提供较多的机会，使不同专长的教师间有对话，使师生间有对话，使不同学科的同学间有对话，这种对话是经常的，是较不拘形式的，也因此自然会形成一种知识性、社群性与文化性的沟通，这不但有更多的可能性使书院成为一有机的"学人社会"，且有更多的可能性帮助学生发展其"德育"。我这里所谓之"德育"是指学生的"品性之养成"，而不是指一种狭隘或独断的政治上或宗教上一派一宗的思想或教条的洗礼。

近代哲人布伯（Martin Buber）对教育的看法是与中国的传统比较相契的，他说："真正配称为教育的，主要是品性的教育（education of character）。"而如何协助年轻人养成其品性则是教育者最大之任务。无可置疑，品性教育之成功不能靠"说教"，而必须靠"身教"，这只有在一个心灵与一个心灵真诚相遇时，才能彼此发生感染力。在道德教育上，教师对学生最有益的帮助不在抽象的不关痛痒的说理，而在如何切己相关地提出他的感受与判断。布伯说："笼统地口授什么是善、什么是恶，不是他（教师）的责任。他的责任是回答具体的问题，回答在一特定的情境下什么是对的、什么是错的问题，这，我说过，只有在一种有信赖的气氛下才能发生。"[1]

---

[1] Martin Buber, *Between Men & Men*, London: Fontana Library, 1961, p. 135.

　　大学生不是中学生，大学对他（她）不再也不应提供保姆式的照顾，他应该也必然会自我寻求生命之意义和人生之目标。在最后的意义上说，人之成长（包括自我形象与自我认同之形成）是要靠他（她）自己的。人是不能永远没有孤独的时刻的，人需要孤独以创造思想、以体认人生，但人之为人、人之成长需要靠头脑与头脑、心灵与心灵之相遇和对话。一个书院之可贵就在于许多头脑、许多心灵可以不时地相遇和对话。就在这种不经心的、习以为常的师生之接触下，假如年轻人能够对伟大的重要的价值有所体悟，有所执着，那么他（她）的优异的品性就在不知不觉间发展出来了。我十分欣赏怀特海（A. Whitehead）所说"除开对伟大的事物有自自然然的洞察力（habitual vision of greatness）之外，道德教育是无可能的"一句话。这也可以说唯能见乎大，立乎大，然后才能有狂有狷，才能有格调（style，怀特海所用字），也才不会沉耽于追逐短暂与微细的事物。书院的理念，诚如邱白勒（E. Trueblood）所说，是为年轻人"提供一个可以获得整个生命的最大可能的快速成长的情境"[1]。

---

[1]　Elton Trueblood, *The Idea of a College*, New York: Harper & Brothers, 1959, p. 13.

8. 象牙塔与服务站

古时大学或书院大约都好建造于深山白云之乡，以期远离尘俗，即使坐落在大都名城，亦是高门危墙，自成一天地。牛津、剑桥的一个个书院，其门墙之内外，有如两个世界。昔时确系以高门危墙象征灵俗两界之隔。中世纪时，大学有所谓"学袍"（gown）与"市镇"（town）之争斗，学袍者象征学府，市镇者指社会之权力。大学与社会似乎始终存在着一距离。而大学亦给人一种崖岸自高、遗世独立的感觉，我不知从几时开始大学有被称为"象牙之塔"者。所谓象牙之塔，其义与丁尼生（A. Tennyson）所倡"艺术之宫"一词同（此指为艺术而艺术，无视社会痛苦而言），大约指大学只为知识而知识，并不关心大学外面的民生社会之问题。如大学之被称为象牙塔确系指其"为知识而知识"而言，则历来许多伟大的大学确是"象牙塔"。而许多论大学之理念如贾斯佩斯者，亦均认为大学应只以追求真理为鹄的，且不管其对社会之影响为如何。持此种看法者，都认为唯有如此，学术始得发展，真理始能渐现，而知识之金庙始能建立，而大学对一时一地虽或无所贡献，但持之恒久，必能增进人类之智慧与社会之福祉。在某个意义上说，大学之为象牙塔的确有些知识的贵族感，也的确有意地在与社会保有一心智上的距离，而大学亦以此而自成为一独立的"学人之社会"。但到了现代，教育在民主化、平民化与社会化的意理冲激与压力下，大学的"象牙塔"形象已成为批评讥讽的对象，大学的大门已经不能不向大社会敞开，大学已被迫或自动地对社会提供实用而逼切的"知识"，以作为其存在之合法性的基础。自二次世界大战之后，大学与社会的结合更进一步。至于在"综集大学"的理念下，则大学与社会已结成一片，大学已不再是一独立的"学人之社会"，而成为大社会知识产业的神经中枢。今日，大学之最流行的形象不是"象牙塔"，而是"服务站"了。社会要什么，大学就给什么；政府要什么，大学就给什么；市场要什么，大学就给什么。大学不知不觉地社会化了，政治化了，市场化了。大学与外界间的一道有形或无形之墙已经撤销了。在这种情形下，大学已非一独立研究学问之地，而成为即产即用的知识的工厂，大学与社会间的一个保持清静思维的距离也消失了。诚如芝加哥大学的诺贝尔文学奖得主贝洛（Saul Bellow）所说，大学已不比《时代》杂志更多一些"象牙塔"的情调了[1]，大学像任何地方一样，也似乎出现了他所说的

---

〔1〕 Saul Bellow, "Writers & Literature in American Society", in *Culture and Its Creators*, ed. by Joseph Ben-David & T. N. Clark, The University of Chicago Press, 1977, pp. 172-196.

"大喧闹"（great noise）。他认为"大喧闹"是"诗"的大敌，我们也可说"大喧闹"是教育与学术的大敌。

现在很少人再为大学是"象牙塔"的理念辩护，但却有无数的人为大学是"服务站"的理念而倡导。"服务站"的理念是很吸引人的，它的确为大学带来财富与支持，同时，又有谁能说"服务"不是一高贵的念头？但是，我们确也听到一些少数但却是清亮的声音。弗莱克斯纳就反对服务站的观念，哈钦斯就反对服务站的观念！

我们以为大学之为"象牙塔"的理念是值得检讨，但却不是毫无价值的。我同意怀特海所说"大学的存在就是为结合老成与少壮以从事创造性之学习，而谋求知识与生命热情的融合"，大学学者与学生不能萧然物外，对社会无萦念，对生命无热情。但假如急于走出"象牙塔"，则不啻放弃了大学之为学习与创建知识的目标。大学之对社会保有一距离是有必需的，此一距离是维持一观照反省的智慧之客观条件。"象牙塔"如果是，并仅是指此，则"象牙塔"的风格正应保持与维护。同样的，我们以为大学之为"服务站"的理念也应该严肃地检讨。"服务人生"是教育的高贵目标，但怎样服务？如何服务？何时服务？为谁服务？这些问题都必须解答。大学是社会的一个组成部分，如果大学的特殊知识可对社会有所贡献，并不影响其独立的性格，自应提供"服务"。但如只为政治的，或宗教的一宗一派的需要，而放弃其独立自主，则大学不啻成为政治或其他团体的附属品。这当然与大学之为大学的精神是相违背的。总之大学不能遗世独立，但却应该有它的独立与自主；大学不能自外于人群，但却不能随外界政治风向或社会风尚而盲转、乱转。大学应该是"时代之表征"，它应该反映一个时代之精神，但大学也应该是风向的定针，有所守，有所执着，以烛照社会之方向。

9. 余言

在本篇中，我就现代大学所面临的问题，略作解析与讨论。当然，这些谈到的远没有能穷尽大学的问题（此篇更未就香港中文大学而专论之，港中大自有别于其他大学之使命与性格）。而我所论述者也是简之又简，语焉不详。同时，我对这些问题更没有能提出妥善的答案。事实上，这些具有挑战性的问题恐怕不可能有简单确切的答案，它们需要更多的研究、更多的讨论、更深的智慧，才能获致较妥善的解决。我写此篇之目的不过在希望引起大家对大学问题之研究与讨论耳。

1977 年 10 月 10 日

二个文化的对垒与技术人文主义

——对剑桥教育的一些观察

1. 由斯诺的"二个文化"说起

1959 年，剑桥基督书院的斯诺爵士在雷德学术讲演中发表了《二个文化及科学革命》（"Two Cultures and the Scientific Revolution"）。斯诺这个演讲的主旨是：学术文化已形成两个壁垒森严的世界，一个是人文的，一个是科学的。这种文化的分裂与对垒已使西方人失去了一共同的整体的文化观。他指出由于文化之分裂，使人们不能对"过去"作正确的解释，不能对"现在"作合理的判断，同时也不能对"未来"有所展望。[1] 他显然在批评人文学者对科学

---

[1] 此一观念在斯诺的《再看二个文化问题》的论文中说得更明白。见 C. P. Snow., *The Two Cultures: And a Second Look*, Cambridge University Press, 1965, p. 60。

革命[1]这样头等大事的视若不见的无知。他认为人文学者还懵然把传统的文化看作是人类文化之整体，而不知"科学文化"已在眼前。他警告大家，工业前期的伊甸园只是对过去美化的空想，他呼吁学术文化界正视科学技术这件事，并寻求消弭"人文的文化"与"科学的文化"之隔离与脱节的现象。斯诺"二个文化"的演讲，平情说，并没有太多的创见，更不是剑桥原野中发出的新的巨音。事实上，在19世纪60年代的英国就有过理性的科学与人文理想之对立观，剑桥诗人华兹华斯（W. Wordsworth）可说代表了浪漫的人文精神；而北方的科学家道耳顿（G. Dalton）则可说代表了理性的科学之声音。而剑桥的文化既未偏向道耳顿，也未偏向华兹华斯。结果是人文学与科学的双元并峙。到了20世纪50年代，论争又起。这次的论争是专业化对博雅教育。这两个论争相距百年，而第二次论争实际上只是第一次论争的延续与变形。在论辩中，"专门化"几乎被看作是科

---

〔1〕 斯诺把"科学革命"与"工业革命"有意地区别开来。工业革命是指对机器的逐渐的适用，从农业人口逐渐转向工业人口而言。此发生于18世纪中叶与19世纪初叶。他所谓之科学革命，则是指科学直接并有系统地应用到工业上去而言。此为近四五十年来的事，这是人类思想与生活方式最彻底的大变革。斯诺所谓之"科学革命"与一般学者所谓之"第二次工业革命"及"技术革命"或"工业化后期革命"（postindustrial revolution）接近，此方面在社会学中讨论极多，此处不赘。

学与技术的代表，而人文学则被看作是"博雅教育"的专有品[1]。几乎是可以预见的，第二次论争也没有什么具体的结果（此点我们后面还要再论）。因此，斯诺的"二个文化"的演讲实际上是英国，特别是剑桥历史中文化与教育论争的传统的再一次提出。但由于斯诺是剑桥的化学学者，又是世界著名的小说家，因此他的演讲引起了很大的反应，这反应不只来自剑桥内部，也来自世界各地。当然，他的演讲之所以引起广泛的注意与重视，还是由于他演讲的主旨击中了当代文化（不只限于英国或西方）问题的核心。

但是，斯诺的演讲却是以剑桥为主要对象的，他的批评也似乎以剑桥的教育，特别是剑桥的专门化教育为对象的。他以为剑桥教育专门化的最严重的结果是学人文的几乎对"科学文化"毫无了解（这岂止是剑桥现象而已？！），他毫无保留地指从事人文学的知识分子为卢德分子（Luddite，原指因机器应用而失业的技术工人，他们对科技怀有敌意）。斯诺这一批评虽然赢得不少共鸣，即使剑桥的人文学者中，也有不少同意斯诺的看法的，但这却引起了世界著名的剑桥文学批评家

---

〔1〕　Eric Ashby, *Technology and the Academics*, London: Macmillan, 1966, pp. 75 ff.

利维斯（F. R. Leavis）等的强烈反击。[1]剑桥遂发生了另一次
文化上的大论争。像以往的论争一样，这次论争也没有达成明确
的结论。不过，斯诺的"二个文化"的确触引了很多深刻而有意
义的文化上与教育上的进一步的反省。在文化上，这是人文学与
科学的关系问题；在教育上，则是学术专门化与"博雅教育"的
关系的问题。当然，这两个问题虽然在本质上不同，却是互相有
关的。而这两个问题尽管也是世界各社会文化、各大学教育的问
题，但在剑桥、牛津则表现得更为尖锐，讨论得更为激烈。我相
信对剑桥（大致上剑桥与牛津的情形甚为相似）的文化与教育的
分析（本文的讨论尽量用剑桥人自己的著作）和我们本身的文化
与教育是有一定程度的干系的。他山之石，可以攻玉，此亦是我
写此文的动机所在。

2. 剑桥的"分裂性格"

剑桥教育内涵与精神的发展，先后七百年，固非此文所
能详述，更非我之能力所可及。非常粗略地说，中世纪的剑
桥，其教育与文化是与宗教不能分开的。到了 15 世纪末叶、

---

[1] F. R. Leavis, "Two Cultures?: The Significance of C. P. Snow", *Nor Shall My Sword*,London: Chatto & Windus, 1972, pp. 39-74.

16 世纪，剑桥在人文学巨子伊拉斯谟（Erasmus）的影响下，才走上文艺复兴之路，才走上以希腊文化为基础的人文学的教育方向。而人文文化在剑桥可说从此落地生根。所谓"人文文化"原是相对于神学、超自然之学问而言的。说来很奇怪的，剑桥从 16 世纪到 18 世纪之间，先后出了培根（F. Bacon）、巴洛（Barrow）、牛顿、哈维（W. Harvey）这些伟大的学生，而他们是人类科学史上熠熠生光的巨人，但是在这三个世纪中，剑桥的科学教育几乎是谈不上的。更怪的是，牛顿死后百年，剑大仍见不到科学的火炬，反之，培根和牛顿的思想与理论却在欧洲大陆受到重视而风行。在 18 世纪及 19 世纪上半叶以前，剑桥与牛津都重视"博雅教育"，教育以文学为中心，自然科学是被忽视，甚至被歧视的。当时剑桥教育不在大学，而在各书院院士手中，而院士选举的资格只重经典，不重科学。因此，英国的工业革命是在牛津、剑桥两所大学的门外，而不在门里。反之，在苏格兰的格拉斯哥及爱丁堡大学则已有科学的光芒。此后，伦敦大学及其他"新"大学的成立可说是由于牛津、剑桥没有负起科学教育的责任的结果。到了 19 世纪，特别是剑桥之子达尔文在 1859 年发表《物种起源》之后，科学教育才在剑大获得了承认。但剑桥之热切地推展科学教育，却是受到外界两大力量的刺激而来：一是德国的大学的新概念；二是对欧陆国家利用科学来发展工业，而有抢夺英国的工业优势的忧虑的反应。[1]就第一点来说，德人洪堡等鼓吹大学之功能不在提供博学文雅的教育，而在知识之推展，理想的大学被认为应是"研究的中心"，而他们以知识之推展必须采取经验的方法。此种研究知识之科学方法不只限于对自然事物之探索，也用之于对人文事象的了解。这种思想最有代表性的可说是德国历史学家兰克（von Ranke）。德国大学这种构想与性格，使德国大学很顺利地踏入了科学世纪，他们在研究上乃着世界之先鞭。美国教育界伟大的先驱改革者弗莱克斯纳在讨论"现代大学的理念"中，即对德国大学重研究之性格大加欣赏，而认为研究必须是大学重大的功能。[2]德国这种对大学的新概念与牛津、剑桥的大学理念是大相径庭的。牛津、剑桥在19世纪中叶以前还是在纽曼等的教育思想的影响下，以大学为培养平衡通达的"君子"的处所。[3]当时，英人对科学采取相当冷漠与不信的态度，此牛津诗人阿诺德（M. Arnold）就慨

---

〔1〕 Eric Ashby, *Technology and the Academics*, pp. 18 ff.

〔2〕 A. Flexner, *Universities: American, English, German*, Oxford University Press, 1930. 此书在1968年印行平装本，并加Clark Kerr之导言。弗莱克斯纳对美国大学教育，特别是医科教育，贡献至巨。他后来成为普林斯顿大学高级研究所的创办人，物理学家爱因斯坦即在该所研究。

〔3〕 J. H. Newman, *The Idea of a University* (1852), London, 1927.

乎言之。但在 19 世纪 30 年代，剑桥数学家巴比奇（Babbage）即开始大力攻击皇家学会对科学之忽视，而 1854 年，牛津的人文学者帕蒂森（M. Pattison）更指出经典之学绝不能算是一所伟大学府的完整教育。1859 年，剑桥的基督学院的达尔文发表了《物种起源》。达尔文此书之出，引起了学术界震动性的反响与攻击。在"牛津之会"中，赫胥黎（T. H. Huxley）大力替达尔文辩护，赢得了决定性的胜利。赫胥黎不但是达尔文学说的播送者，他更是整个英国科学教育战线上的猛将。到了 19 世纪下半叶，牛津、剑桥开始醒觉，开始回应了。到了 1870 年中，牛津的克拉伦登实验室（Clarendon Laboratory）及剑桥的卡文迪什实验室（Canvendish Laboratory）成立了。这象征了自然科学的教育在这两所古老大学中进入了新的纪元。自然科学不但在牛津、剑桥立定脚跟，并且其科目分得极为精细，而其他新学科，即人文学也开始采取分门别类的专门化道路，即使牛津的所谓 Greats，听来好似偏重渊博，实则亦专限于希腊文、拉丁文及古代史与哲学。一个攻读牛津 Greats 的学生，可以对自然科学完全无所闻知。很显然的，剑桥与牛津的大学教育走专精之路是很受德国大学之理念的影响的。不过，牛津、剑桥并没有完全放弃"博雅教育"，只是博雅教育主要已成为各个书院的功能，他们相信通过书院居息一堂、谈天论道的环境，可以形成一种圆通的文化人。[1]

剑桥科学教育的发展还来自外界第二种的刺激，即恐惧欧洲大陆工业的急速发展会剥夺了英国工业的优势。英国是第一个工业化的国家，但英国的工业力量却不来自大学的科学教育，而来自大学之外的个别人士的研究发明。英国大学的技术教育，又非始自牛津、剑桥，而是来自格拉斯哥、伦敦机械学院等。诚然，1851年的工业展览，显示了英国工业的领先优势，但到了1867年巴黎的工业展览时，英国的工业优势就被欧陆打破了。这个情形是与欧陆之重视技术教育有关的。在英国，技术教育不是没有，但重心又不在牛津与剑桥。1840年格拉斯哥大学首先成立了工程学的讲座教授；1841年，伦敦的"大学学院"也紧跟着设立讲座。但在牛津则根本无技术教育，剑桥情形稍好，不过亦极有限。这主要是牛津、剑桥二校虽然已承认了科学的学术价值，但对实用性与职业性的学科则颇为轻视，特别是认为实用性与职业性的学科与"博雅教育"是冲突的。所以到现在为止，剑桥虽然已经完全接受了科学教育，并且越来越重视，但对技术教育则还是不肯加以全心全意的拥抱，技术还没有能成为大学文化的一个组成。这现象造成

---

[1] R. S. Peters, *Ethics & Education*, London: George Allen & Unwin, 1970, p. 65.

了一种心理上的紧张性，因为剑桥一方面还受到传统"博雅教育"的理念的牵制，一方面则又感到大学应该对技术热切地回应。剑桥的克莱亚学院前任院长阿什比爵士称剑桥正处于"分型性格"（split personality）的状态中。

3. 人文与科学的隔离

在剑桥，自19世纪以来，人文学与科学成为大学的两大学术传统。这两个学术传统是如此有力而严峻，社会科学被挤在二者之间，而不得大踏步地发展。因此，在英国，社会科学的重心乃落在伦敦大学（特别其著名的伦敦经济政治学院）及其他所谓"红砖大学"（Red Brick University）[1] 手中。在剑桥，人文学与科学各自独立发展，几乎以剑河为界，一边是人文学，一边是科学，分别树建了学术的宫庙，用剑桥物理学者齐

──────────

[1] 所谓"红砖大学"，在英国乃指19世纪特别是20世纪初叶出现的大学，这些大学是相对于牛津、剑桥二"古老大学"而言，乃"现代大学"。诸如Birmingham、Bristol、Leeds、Liverpool、Manchester、Reading Sheffield等大学均是。伦敦大学（成立于1836年）则是现代大学的先声。英现代大学的出现打破了牛津、剑桥垄断英国高等教育的局面。这些现代大学大都是"红砖"建筑，故有"红砖大学"之称。其实，牛津、剑桥二"古老大学"中不少书院，也是由红砖建造的。〔如剑桥的皇后书院、圣约翰书院、耶稣书院等均由红砖建造，至于19世纪出现的剑桥的歌登（Girton）及纽南（Newnham）二女书院更是由红得不能再红的砖石建造的。〕论牛津、剑桥二"古老大学"与红砖大学之异者，可参见Bruce Truscot, *Red Brick University*, London: Faber & Faber, 1943。

曼（J. Ziman）的话则是剑河"双塔"[1]，这自然是印证了斯诺
"二个文化"的看法。

人文与科学两种学术，长久以来被认为是完全不同的知
识领域，两者之别犹如南北二极，渺不相涉。在一般人的心目
中，搞科学的人是冰冷的、硬心肠的、没有人情味的……而弄
人文的是浪漫的、软心肠的、温暖的……[2]，这种两极形象当
然似是而非，但尽管如此，这种科学与人文的对立形象却是极
普遍存在的。也许，如剑桥的心理学者赫德逊（L. Hudson）所
说，人总是倾向于用对立性或二元性的思考方式来看事物的。
而这种思考方式当然扩大并尖锐化了人文与科学的对垒性。

说人文与科学的对垒性也许是不顶恰当的，因为近数十
年来，世界大学教育的趋势显然是科学压倒了人文。科学成为
当阳称尊的显学。在剑桥，攻读自然科学的越来越多，而人文
教育则越来越萎缩。剑桥的历史学者普拉姆（J. H. Plumb）等
颇感人文学正处于"力争求不死"的危机中。[3]科学之得势
是很自然的，它已经一而再地显出了"力量"与"有用性"，

---

〔1〕 J. Ziman, "The Two Towers", E. Homberger ed., *The Cambridge Mind*, London: Jonathan Cape, 1970, pp. 200-206.

〔2〕 关于一般人对科学家与人文学者所持的两极形象的态度的讨论与批评分析，可见 Liam Hudson, *Frames of Mind*, London: Methuen & Co., 1968。

〔3〕 J. H. Plumb ed., *Crisis in the Humanities*, Penguin Books, 1964.

它也成为一个国家声威的温度计了。其实，科学得势并不足忧。诗人科学家布朗斯基（J. Brownski）所说，"未来属于科学""科学是自文艺复兴以来欧陆最渴爱的传统"实不算夸大。[1] 如采取一长远的历史眼光看，我们可说科学史上每个重大的发明到头来都对人类利多害少。我们也看不出除了倚赖更进步的科学之外，还有什么更有效的法子解决人类的贫穷、愚昧、疾病等。平情说，五四运动以来的"民主""科学"两个口号还是中国所需要、世界所需要的。剑桥学生中近 45% 读自然科学（牛津则近三分之二的学生读人文）实在也不足为奇。老实说，在多数的大学里，科学教育不是太过，而是不足；不是应减少，而是应加强。文学界长期以来有一种对科学与技术敌视的态度。剑桥著名的文学批评家利维斯以文明（指科技为本的）与文化（他所指的文化非人类学或社会学研究者所谓的文化，而是指"绅士"型的文学）是对立的东西。利维斯实相当代表性地表示了许多人文学者对科学的负面的态度。整个地讲，人文学者在科学时代中主要地扮演了抗议者（有意

---

[1] 这是布朗斯基在 1949 年许多西方学人讨论西方传统与未来的集合中提出的一篇文章《科学的未来》的要点。当时与会者有罗素、汤因比、M. Ginsberg、E. Barker、H. Butterfield、G. D. H. Cole 等人，而这些人皆已先后作古，布朗斯基这位脚跨人文与科学的学人也已于今年（1976）谢世。见 *The Western Tradition*, London: Vox Mundi, 1949, pp. 51-56。

义的，也有无谓的）的角色，而并没有能为新社会奠放新的文化基石，至于在科学与人文的综合来说，则更是失败了。[1] 归根结底地说，人文学者多半不肯，也不能心平气和地来正视科学，这是当代科学与人文发生问题的所在。（比较地说，搞科学的人对人文学很少有敌意，并还有怀抱兴趣与欣赏的心情的，至少这在剑桥似乎如此。）

对科学的正视是当今谈文化、谈教育问题必要的态度。以科学为万能，以科学为万物之尺度，这是"科学主义"（此词似是哈耶克提出的），而非科学态度。反之，一味处于奥威尔（George Orwell）《一九八四》的阴影下反对科学也不是恰当的态度（奥威尔给我们最好的遗产是他反极权主义的精神）。对科学正视，是对科学采取既不狂热迷执，也不彻头彻尾地怀疑敌视，一方面相信科学的潜能，一方面了解它的局限性。伟大的剑桥之子罗素无疑是一个坚信科学价值的人，但他却指出："科学能处理手段，却不能处理目的；目的必须依赖感受。"我们所喜爱的价值，如仁爱、自尊等，科学均不能证明其为"善"，但科学却可以告诉我们如何去达到这些善（假定

---

[1] 参 Geoffrey Barraclough, *An Introduction to Contemporary History* (Penguin Books, 1967) 第八章及 Raymond Williams, *Culture and Society: 1780-1950* (Penguin Books, 1961) 第三编。

我们认为那些是善的）。罗素说："理性的或科学的态度是许多德性中的一种；没有一个头脑清醒的人会以为那是所有的德性。"[1] 从这里，我们愿意进一步讨论科学与人文的关系。

4. "科学主义"的横决与反响

今日科学与人文的紧张性或不适调，恐怕在于一方面是（上面提到的）搞人文的人（此处包括诗人、小说家）对科学的猜疑与敌视，另一方面则是"科学主义"的横决。这种科学主义表现在一种错误的信仰上，即以为只有"科学的真理是唯一的真理"，把所谓"经验的确定性"作为知识唯一的衡准，从而将一切知识"科学化"，并造成知识的阶层性。物理科学最高，生物科学次之，人的科学（人类学、社会学、心理学）又次之，而人文学（包括伦理学、美学或形而上学）则被排拒在"知识"的宫殿的门外。[2] 由于科学之绝对优势地位，由于迷信科学为知识唯一的源头，从而人文学者几乎不能再宣称他是一"知（知识）者"（knower），这是人文学者自文艺复兴以

---

〔1〕 B. Russell, "Scepticism and Tolerance"，此文收入前引 *The Western Tradition*, pp. 100–104。

〔2〕 M. V. C. Jeffreys, *Personal Values in the Modern World*, Penguin Books, 1962, pp. 142 ff.

来所受到最大的压力。[1] 很久以来，人文学者几乎是知识的唯一"知者"，而现在则被彻底地剥夺了"知者"的地位。而人文的反应的主流却是人文学的"科学化"，这当然可一直追溯到德国历史学家兰克，兰克就以严格地铺陈事实为历史学的最高律则，他是原型的实证主义的学院派史家。在社会科学方面，则以法人孔德（A. Comte）为巨擘，他开创了实证主义的社会学派。兰克与孔德都可说是企图用自然科学的模型来适用于人事界的研究的（哲学上的实证主义亦属此一思想模式），就人文学与社会科学的发展上说，实证主义的思想与方法发生了巨大的作用，并也做出了极大的贡献。可是，这也产生相当大的偏差与流弊，结果是科学从研究自然界进入研究人事界。人文学者（包括艺术家），如温德（E. Wind）所说，皆企图模仿科学的方法与程序，连艺术都被"非人化"（dehumanized）了[2]。终极地说，由于自然科学（特别是物理学）的惊人的成功，因此激起了其他知识的羡慕，希冀通过自然科学的方法，以图揭破人事现象的隐秘，并找出其律则性（law-like）的模

---

[1] 照 E. Gellner 的看法，二个文化的问题，不在于二者之沟通问题，而在于人文学用什么东西去沟通。见其 "Crisis in the Humanities and the Mainstream Philosophy"，此文收入 J. H. Plumb ed., *Crisis in the Humanities*, Penguin Books, 1964, pp. 45-81。

[2] 见前引 Jeffreys 书，p. 81。

型。写到这里，我们要回到"二个文化"的问题。有的以为这二个文化是共通的，并且认为只有一个文化，有的则以为这二个文化是不同性质的，无法相通的。而采取一个文化观或二个文化观往往决之于一个人对"科学"（特别是科学方法）的定义而定。譬如波普尔（K. Popper）就不以为科学与艺术有什么绝对的相斥性，他认为科学家与艺术家都靠创造性的想象力，并通过批判性的控制以寻求其了解。他抨击"科学主义"不遗余力，他认为科学会给我们绝对性的知识是一种错误的想法。他以为科学之标志不在"经验的印证性"（empirical verification），而在于一个理论或陈述是否有可证为假的可能性（falsification），凡不能被证为假或真者，皆非科学。[1] 波普尔对科学的看法是相当突出的，他几乎与自培根、休谟以来所形成的"科学传统"（重经验的归纳法）分道扬镳。与波普尔思想很接近的要数波兰尼（M. Polanyi）了。波兰尼是学术界的怪杰，他是科学家，但亦从事哲学与社会科学。在他看来，文学家与科学家之间在本质上不应有别，他认为科学的发

---

[1] 波普尔讨论科学方法论者极多，最为人所知的是他的 *The Open Society and Its Enemies*（1966 修订版），*The Poverty of Historicism*（1961 修订版），*Conjectures and Refutation*（1972 修订版）。Bryan Magee 的 *Popper* 一书（Fontana，1973），对波普尔思想有极真切而简要的介绍。

现需靠直觉的飞跃、猜度与想象力，他认为任何学科寻求知识的过程都是一样的，在根本上，任何知识都是"个人的"，即在寻求知识的过程中"个人"都是直接参与的，亦即个人的情感等是不能排除的。他曾说："数学是概念的音乐，音乐是感性的数学。"[1] 皮帕德（A. B. Pippard）爵士在就任剑桥卡文迪什物理讲座教授的讲演中，更说得透彻有力。他说："对什么可能或不可能发生的直觉感受（intuitive feeling）是健全的科学家的符征。"[2] 果如是，则人文与科学当然是相通无隔（不是说相同）的了。但是，如果我们以"科学方法"指通过观察、实验，特别是量化的方法，以求人事界之律则，或者，如果我们同意科学方法之本质是排除"人的因素"，即在描述、归类或衡度外界现象时，摒弃人之主观的判断，那么，"二个文化"就很难说可以浑一不二了。在研究"自然现象"或"物质"时，科学家或可排绝主观之喜恶判断，真正做到超然客观的地步，但当我们用这种方法来研究人事界时便不无问题了。

---

〔1〕 M. Polanyi, *Personal Knowledge*, London: Routledge & Kegan Paul, 1958.

〔2〕 A. B. Pippard, "Reconciling Physics with Reality", *An Inaugural Lecture*, University of Cambridge Press, 1972. 皮帕德教授是我在剑桥遇到最有意思的科学家。在 Clare Hall 的休息室中，他是最受欢迎的"谈天对象"（剑桥的书院最重谈天），有一天我向他请教他对科学方法的看法，他很诗情画意地说了许多。他强调直觉，也强调"想象性的原创力"的重要，事后还送了我他的那篇讲演文章，但我必须承认，我只能了解及欣赏其中的一部分。

人文学与社会科学研究的是人，被研究的是与研究者不能分隔的人，那么，要保持绝对的客观就不只是难不难，而是可能不可能的问题了。哈耶克于 1974 年在瑞典领取诺贝尔奖时，发表了演讲《知识的虚饰》，开章明义就批评经济学及其他社会科学企图从物理学搬来科学方法以研究人事（包括社会），他说经济学所研究之对象极为复杂，绝不能单靠只能衡量的资料及证据可以为功。[1]关于这一点，皮帕德认为我们在原则上可承认不同知识间的关系，但他不认为把物理学视作一切知识的基本科学是有用的看法。这样说，不同的知识的研究方法是应该因其研究对象之不同而有异的。到今天为止，"二个文化"[2]间之其相通或相隔，特别是其相通点何在，其相隔点又何在，

―――――――――

〔1〕 Von F. Hayek, "The Pretense of Knowledge", *Afred Nobel Memorial Lecture*, 11 December 1974, at Stockholm.

〔2〕 在此，我也许应该声明一下，"二个文化"在本文系泛指人文学与科学，此一分类并不太妥，对此斯诺自己虽有辩说，但并不太令人信服。实则，人文中包括诗、艺术、历史、法律学、哲学等，科学中包括物理学、生物科学、技术等；而人文学与科学中内部各"科"间的区别可能极大，别且不说，诗与历史学就迥然不同。而即使单就历史来说，有的历史学者就重文学、重解释，剑桥的大史家特里维廉（G. M. Trevelyan）即可为代表，有的则寻求普遍的科学的"律则"，此在剑桥较新一辈史学者中大不乏其人，故"二个文化"实是较笼统的指称。至于社会科学，则很难归属此二大范畴之内。也许就因为剑桥长期以来为"人文"及"科学"二大"知识"范畴所笼罩，所以社会科学不易有突破性之发展，此由社会学迟至 1970 年才成立讲座教授一事可以说明。剑桥学术传统之抵拒社会学，巴恩斯（J. A. Barnes）在其就任讲座教授演讲（"Sociology in Cambridge", 1970）中有所论列。据他跟我的谈话中表示，剑桥一般教师对社会学还有难破的成见。

在学者的讨论中，还没有太可信服的说法。[1]但有一点是很确定的，近年以来，学术界有一种思想性的运动，一种反实证主义"科学观"。这个运动反对以自然科学的模型来作为人文学及社会科学的"型模"。波普尔、哈耶克固然都是这方面的健者，而对此问题有极深刻的研究，且正日渐受学术界注目的恐怕要算德国法兰克福学派当代代表人哈贝马斯（J. Habermas）了。哈贝马斯并不完全排斥实证主义，他认为社会科学（包括某些人文学）非不可能寻求律则性的（nomological）知识，但这不是知识之全部，这种知识寻求因果律，可增进对现象之

---

[1] 在许多说法中，一度在剑桥任教理论物理的齐曼的 *Public Knowledge: The Social Dimension of Science*（Cambridge University Press, 1968）一书颇清新可读。他认为"科学"之特征是：科学是社群的（science is social），它是一种"公众认可的知识"（public knowledge）。他相信科学知识必须是其成员（从事科学活动者）有共识（consensus）的知识，而人文学社会科学则不尽然，因此科学在本质上有其"世界性"。他这个意见与库恩（Thomas Kuhn）*The Structure of Scientific Revolution*（University of Chicago Press, 1962）中所提出的意见颇近。库恩是研究科学史及"科学的哲学"学者中最引人注意的（波普尔除外）一位。他相信自然科学中常有一共同认定的概念的及方法学上的"范典"（paradigm），一般从事科学者即在此"范典"中研究。当一个"范典"被另一个范典取代时，则出现了他所谓的"科学革命"。他以为社会科学及人文学皆无一共认之"范典"，而只有各种"学派"。因此，他认为社会科学及人文学都处于"范典前期"（preparadigm stage）。库恩这种对社会科学与人文学的看法，我不能同意（反对理由我在他处已论之），但我认为库恩的理论极有挑战性，特别是如把他的理论去印证中国科学史上的现象，将是有意思的。我不知剑桥的李约瑟博士对这个问题之看法如何，他的《中国科学技术史》巨著的最后一卷似须解答："中国既然有如此高度的科学技术，为何未出现'科学革命'？"

预测与控制，此与孔德相通。但他更提出另两种知识，一是对事象之"了解""解释"（hermeneutic）的知识，旨在寻求行为之"意义"，此则上接韦伯；另一是批判的知识（critical），此要在增加人类本身之解放与自主。这也是法兰克福学派之传统精神。[1] 在哈贝马斯，他毋宁更是着重"批判的"知识的，他的中心主旨尤在抨击长期以来当阳称尊的实证主义的知识观，整个法兰克福学派可说就在批判工业社会"技术理性"（technical rationality）的横决。

写到这里，我想我们对于"二个文化"的讨论可以暂告结束。从上面的讨论中，我希望已说明一点，即二个文化有其相通点，也有其本质上的相隔。我们可以同意波普尔、波兰尼、皮帕德等人的说法，任何知识的寻求途中，都不能不靠创造力、想象力、直觉感受，但这种纯"内观"的认知过程，毕竟不是认知过程的全部（这点他们也应都会同意），这在诗、艺术或许是主要的因素，但科学的研究（不论是自然科学、社会

---

〔1〕 哈贝马斯的书被译成英文的越来越多。本文所谈及者可见：J. Habermas, *Knowledge and Human Interest*, Boston: Beacon Press, 1968, pp. 301-317。哈贝马斯之书深奥难读，我不懂德文，但读英译颇多"不甚了解"，幸赖许多介绍他的英文论文，稍能见其精粹。剑桥（或许可说在英语世界）的社会学者吉登斯（A. Giddens）对哈贝马斯甚有研究，见其新著 *New Rules of Sociological Method*, New York: Basic Books, 1976。

科学或某种人文学）则更需靠"外观"的、脱于人之感性之外的认知过程（观察、实验、逻辑的推论等）的控制。因此，我们以为"二个文化"固然不必对垒，但却不易有轻松的、廉价的综合。一个人可以脚跨二个文化，同时为科学与诗人或哲学家，但这却并不意味这是二个文化的综合，而只能说某人具有"二个文化"之修养。至于欲通过实证主义的科学观点来处理二个文化，则这不是综合，而是人文学的科学化，此则只会对"技术理性"推波助澜，绝非人类文化发展之大路（注意，反对"技术理性"的横决，绝不是反对技术。技术不但不应反对还应大大推展，此下节将会讨论）。近年来，我们听到不少呼吁"二个文化"综合的声音[1]，但谈到如何综合，则多半不是交白卷，便是没有切实的见解。实际上，自历史学家狄尔泰（W. Dilthey）及社会学家韦伯以来即企图对"二个文化"之厘界与综合有所用心，他们也真正做出了重大贡献[2]，但我们仍不能说"二个文化"之综合已获得解决。实际上，他们的成就却在指出了人文学（包括社会科学）不能，也不必是像自然科学的。

---

[1] 见前引 Barraclough 书，p. 245。Jeffreys 书，p. 850。再如诺贝尔物理奖得主拉比（I. I. Rabi）亦响应斯诺"二个文化"之说而呼吁文化之综合。见 N. Calder ed., *The World in 1984* Vol. I, Penguin Books, 1965, pp. 12-15。

[2] 见 H. S. Hughes, *Consciousness and Society*, New York: Alfred A. Knopf, pp. 192-200, 278-336。

5. 博雅教育、专门化及技术

剑桥虽然如前所述，已接受了德国的大学的构想，即重视研究，学术专门化，特别是科学知识之推展。但剑桥与牛津不像其他英国的"现代大学"，他们还是坚强地保有本身的风格，他们没有让大学成为"研究中心"。弗莱克斯纳四十年前在描刻牛津、剑桥教育之特色时用了一个德文 bildung，此即指"博雅教育"。当然，今天剑桥"博雅教育"与四十年前已有了很大的区别，在根本上说，她的课程已更为专门化。这也就是剑桥中不少人文学者（也有科学人士）为"博雅教育"之衰落而有所批评与感叹。剑桥、牛津学科之专门化，20 世纪50 年代以来，引起各方面的讨论与责难。如前所述，一般人有意识、无意识地有一个假定，即以专门化与博雅教育是对立的，甚或把专门化与自然科学看作一桩事，这当然是错误的；自然科学可专，人文学一样可专，而真正的错误则落在上面所说的假定上。阿什比爵士说得很对，他说我们应该对这个假定挑战！他指出专门化与博雅教育根本不必是对立的，而在一个越来越复杂的社会里，越来越需要专门的知识，因此，博雅教育必须以专门知识作为根基。他甚至毫不含糊地说："想成为一个有修养的人之必要条件是：他必须要有深厚与持续的热情去做一桩事，并做得呱呱叫。"他还说："到文化之路必须通过一个人的专精的功夫，而不是从旁边绕过去。"[1] 在这里，我们必须提一提博雅教育的本质究竟是什么？

"博雅教育"的英文 liberal arts education，直译是"自由人教育"，这是来自古希腊的观点。在希腊，给自由市民的教育即是"自由人教育"，这个称呼在当时的自由市民与奴隶相对的社会结构中自有其特殊之含义。但在奴隶不存在的社会中这个称呼当然不再适切了。不过，在英国，牛津的教育家利文斯通（R. Livingstone）就以为"自由人教育的理念"是不应会过时的[2]。但牛津、剑桥两大学的"博雅教育"就是《牛津大字典》对"博雅教育"的定义：一种适合绅士的教育。而当时的绅士实为有闲阶级。不容怀疑，英国的绅士是英国文化的保存者、发扬者。而剑桥、牛津就培养了最纯意义上的绅士，这对英国文化自有其不可磨灭之功。在今日，绅士阶级早已与帝国一起烟消云散。博雅教育当然不应，也不再是培养绅士了。我们以为博雅教育不是没有价值，但它的中心价值应该是在培养独立判断，选择重要的价值（如美、正直、公正、容忍、理

---

〔1〕 见前引 Ashby 书，p. 84。

〔2〕 Richard Livingstone, *The Future in Education*, Cambridge University Press, 1941, pp. 67-68.

性、自由、民主）而爱之、好之、乐之、坚执之的精神。这不但是在政治的意义上做自由人（反极权主义），在知识的意义上做自由人（反教条主义，但非虚无主义），并且在文化意义上做自由人（反科学主义，但坚信科学与理性）的不可或缺的教育，假如我们同意这是博雅教育的意义，则现代社会越来越趋向科层组织化（bureaucratization），越来越趋向抽象冷情（impersonalism），越来越趋向上不着天、下不落地、中不接人的疏离（alienation），则我们正需要这种博雅教育的抗衡。根本地说，真正的博雅教育在肯定人文的价值，在摆正人在宇宙万物中的位序。

博雅教育果如是，则应该为大学教育的重要组成。就这点讲，剑桥、牛津比世界其他大学并不差，或者可说好得多。但剑桥、牛津却像其他大学一样，也会误以科学与博雅教育相冲突，自19世纪末叶以来，此一观念的幕帐总算已拉下。但却还有两道观念的幕帐仍悬挂未去，一即是上面所述误以专门化为博雅教育之对，现在此一幕帐也快拉下了。剩下的另一道幕帐，便是把技术教育看作是博雅教育的对立物。剑桥（牛津亦然）长期以来是秀异分子的养成所，他们有一种知识贵族的气味。其实，整个英国向来都把大学看作是培育社会精英与文化人的地方。他们并不以大学应该是人人都可去的地方（今年成立的英国第一所独立的私营的"白金汉书院"即公开宣称其重视知识贵族性），这就在主张大力改革英国高等教育的1963年的罗宾斯委员会报告书（Robbins Report）也仍持此一看法，而不像美国那样采取"高等教育属于人人"的口号。（照人口比例来说，英国大学生数目较美国、日本要少得多。）牛津、剑桥受到根深蒂固的博雅教育的传统的影响，不但严格地限制学生人数（牛津、剑桥两个庞大的学府都只有一万人左右），并且把"技术"拒之于门外。在剑桥、牛津教师的眼中，科学是学术，但技术则不登大雅之堂，他们（当然非全部）以为技术是俗气的，是讲实用的，是煞风景的。他们认为技术是工匠、工人的玩意；以此，技术很久以来不能真正大规模地进入剑桥、牛津的大门。更广一点说，在英国，博雅教育与技术教育一向就有泾渭二分的争论。技术教育一直没有能得到正确的理解与承认。英人对技术教育的态度的转变是在50年代。丘吉尔震惊于战后美苏技术的飞跃发展（特别是1954—1955年他发觉苏联工业的潜力），乃开始对技术正视。1956年的白皮书是技术教育（应用物理及应用生物科学）的绿灯，遂而技术学院纷纷成立，而罗宾斯报告书，且承认了九个高级技术院（CATS）的大学地位。但是，牛津、剑桥却对技术还是暧昧难定，这就出现了阿什比上面所说剑桥的"分裂性格"。剑桥最后一道观念的幕幛是否仍能在技术的狂"风"下低垂不起呢？剑桥是骄傲的，她不会随风飘动，但她对真正社会的需要却不是无动于衷的，她的最后一道观念的幕帐也已慢慢揭起了。[1]

6. 大学的使命与技术人文主义

弗莱克斯纳说得好，"大学是时代的一种表征"[2]，但这并不是说大学必须跟门外的社会风尚转，这是不必要，也极可悲的。大学有时应本于所信的价值，成为社会风尚的定力，成为文化的指针。当然，这不是说大学应该成为与社会无涉的象牙塔，成为与世隔绝的"寺院"。毫无疑问，大学的惰性与不合理的保守是要不得的。面对技术的急速发展，无可怀疑的，技术是我们改变、控制社会各种问题所不可或缺的知识，大学对技术知识是不容再忽视了。威尔斯（H. C. Wells）早就指出，历史已越来越成为"教育与灾祸的一种竞赛"。[3]我们可说，大学教育如不能对技术知识善加处理，则不但大学之生存有问题，且真正会造成社会文化之灾祸。再一次，我们又看到

〔1〕 其实，剑桥目前还有一道观念的幕幛，即是对社会科学，特别是对社会学迟迟的开放。目前剑桥虽已有社会学讲座并已有多位社会学讲师，且已成为 SPS（Social Political Sciences）荣誉学位卷的重要组成，但社会学却仍非独立成系。

〔2〕 见前引 Flexner 书，pp.3-5。

〔3〕 见引于 T. H. Robinson, *The Mind in Making*, London: Watt, 1923, p. 147。

剑桥的适应力，她又接受了技术教育，这不必说别的，单单看1958 年成立以科学技术为主的丘吉尔书院，并请诺贝尔奖得主考克劳夫特（J. Cockcroft）为首任院长这一件事即可得其消息。但是阿什比爵士指出，技术虽进入剑桥，却还是与传统的博雅教育间有所隔阂与紧张。因此，他提出了一个解除二者之紧张隔阂，解除剑桥"分裂性格"的理论。他对"技术"提出了一个极突出的看法。

阿什比对技术的看法与一般人（及多数剑桥人）的看法有一百八十度不同。[1] 一般人以技术是摧毁心灵的、非人性的，但他则以技术是有且必有人性作用的，并且是科学与人文二个文化间最有力的媒介。他认为"技术是与人文主义不能分开的"。他指出技术可以吸纳大学的传统功能以接上新的时代。何故？因为技术是与人及社会息息相关的。他说，技术不同于科学，科学方法之特性是把人的因素消减到最大限度，科学虽不反对人的价值，但它在研究的过程中，却必须消除人的价值之判断，以免影响科学的结论；反之，技术则是把科学适用到人与社会的需要上去，因此，不管技术家或技术人员喜欢不喜

---

〔1〕 见前引 Ashby 书，pp. 81-97。另参他与 G. R. Urban 的对话，见 "A Hippocratic Oath for the Academic Profession", *Freedom at Issue*, No.33, Nov. 1975。

欢，他都必须考虑人的问题。它不但不应像科学那样只为了解而了解，或者在研究中尽量消除人的因素，而且更应该且无可避免地把人的因素放在中心位置。阿什比举了几个很简单的例子，譬如酿造啤酒，你必须研究生物学、微生物学及化学，你还要知道实际上如何去酿造，而更重要的是你必然要考虑啤酒对人对社会所产生之结果。啤酒可解渴，可消除疲惫，可以使人在酒吧欢饮论政治。但是，你也要知道醉酒的问题，它会损害家庭，它在汽车时代对驾驶的危害性……这一切便使啤酒与个人及社会发生了密切的关系。在这些关系中，则出现了许多价值问题，而这些价值又常是相互冲突的，从而，如何达到一个平衡的判断，便是技术家必须关心的问题。再如工程师在非洲建路，他就不只要了解建路的科学知识及实用技术，他还要面对许多人的、社会的及文化的问题：这条路会带给原始部落什么样的结果？它可以提供更多的方便，但它会不会损害到部落文化的传统？会不会影响到部落人民的生活方式？他们的新的工作习惯会不会破坏原来的家庭结构？这是文化的"开发"，还是文化的"破坏"？……这一连串问题在科学家是可以不理会的，但技术家则不能不理会。所以，阿什比相信技术是与人文主义不能分离的，这也是他相信技术教育是人文与科学的自然的接合点。剑桥哲学家怀特海在《科学与现代世界》一书中呼吁大学教育应该吸收科学与技术，并特别强调对事物具体的了解及对事物之"整全性"的掌握的重要，他认为学者单单了解事物之抽象原理是不够的。他说："当你完全了解了太阳、大气层以及地球之运转，你仍会错过落日的霞辉。"[1]阿什比相信对技术之了解不只在其抽象层次，或在某个特殊面向，而且在其"整全性"，所以，他坚定地相信"技术的人文主义"。在他看来，西方15世纪的人文主义以希腊文化为核心，而20世纪的人文主义则应以技术为其核心。

但，我们要知道，阿什比不是技术主义者，他更不必是技术社会之父圣西蒙的信徒。他也不是一个相信技术君临一切的科学家，他只是指出了技术的性格，特别是技术与人文的明显与潜在的关系。他主张"技术人文主义"实不外要我们接受一个事实，即今日的文化必须包括科学与技术；今日如不懂科技文化是不足以言"完全的人"或圆通的文化人的。同时，他也承认科技之外的价值。事实上，他之重视"技术"正是要接通科学与人文的关道。阿什比并不要斩绝剑桥教育的传统——绅士教育或博雅教育，他只是要赋予"绅士"或"博雅"以新

---

[1] A. N. Whitehead, *Science and the Modern World*, Cambridge University Press, 1927, p. 248.

的内容与精神。他强调人文学（他似指有关"人"的学问，因此也包括社会科学）必须成为技术教育的一个不可分割的组成，他还试列出一系列"人文的课程"[1]，以与技术教育搭配。在他，人文学不是科技的婢女，而是伴侣。

我不能不承认阿什比爵士的"技术人文主义"的想法是相当有创造力的构思。在当代"迷执技术"与"反技术"的两股相对的狂热运动中，阿什比的看法是十分冷静与发人深省的。当然，他的构思主要是就西方文化、西方教育，特别是剑桥文化、剑桥教育而发的，但他的看法与东方的中国的文化与教育是不是也有关系呢？！

我们相信，中国必须现代化，但现代化却不是专指工业化或科技的发展而言；现代化的目的是追求一种更高质量的文化与生活方式。这除了科技的价值之外，还要，并必然要包含艺术的、文学的、伦理的等等的价值。已故的剑桥麦特兰书院的荣誉院士、20世纪的大诗人艾略特（T. S. Eliot）曾问："我们的社会的概念是什么？它是依什么目的来安顿的呢？"艾略

---

[1] 他举出的课程包括：a.伦理学与法理学，讨论法律与公正之原则；b.欧洲的工业与社会史，强调技术对社会之影响；c.政治理论、制度及工会史；d.工业心理学；e.社会学及社会人类学；f.技术史；g.语言学与传播学。

特虽不曾提出可行的答案[1]，但他所提出的问题是值得我们玩味涵泳的。在中国现代化的过程中，我们应该，特别在大学教育上，如何一方面大力推广科学技术的知识，一方面如何有力地宰制科技对人文价值的威胁[2]，并彰显传统的人文价值（中国的及西方的），这应该是关心中国文化与教育前途的人深思远虑的课题。

---

[1] 对艾略特文化观的讨论与批判，见前引剑桥文学教授 Raymond Williams 一书，pp. 224-238。

[2] 关于科技对人文的威胁，近年来西方讨论得极热闹，论著甚多，如 J. D. Douglas 编 *The Technological Threat*, Englewood：Prentice-Hall，1971。这是一西方文化自我反省的好现象，但我们却不必跟着盲目呼喊，也不要太快做西方文化已经破产的宣判，我们当前的正务是了解并正视自己的文化问题，并作出自己的批判的反省。关于这一点，笔者在《中国现代化的动向：一些观察与反省》（收入金耀基：《从传统到现代》，台北：时报文化出版公司，1978，第 289—327 页）一文中有初步的讨论，有兴趣的读者可以参阅。

从"二个文化"谈到通识教育

——由斯诺爵士之死说起

1

剑桥大学的斯诺爵士于本年（1980）7月1日去世了，享年七十有四，这个消息在世界主要的新闻媒介上都曾加以报道。我对斯诺的兴趣不是他的小说，虽然我也看过几本他写的一系列（共11本）的"陌生人与兄弟们"（*Strangers and Brothers*）的著名小说，并且觉得很出色、很有味道。论者以为从这一系列的小说中可以看到20世纪英国的政治与社会的迹影。伦敦《泰晤士报》认为他是威尔斯和本涅特（A. Bennett）以后在英国享誉崇隆的作家。斯诺引起我的兴趣的是他1959年在剑桥的"雷德学术讲演"中发表的《二个文化及科学革命》[1]。这篇曾引起剑桥内外巨大争辩的论文的主旨是：学术文化已经分裂为两个壁垒森严的世界，一个是人文的，一个是科学的。他呼吁学术文化世界寻求消弭"人文的文化"与"科学的文化"之隔离与脱节的现象。斯诺这个看法不能算是石破天惊的创见，但他却比其他人更及时地、更生动有力地刻画出这个难堪的局面。斯诺本身虽是一位科学家（化学），他真正的兴趣却在小说，美国《时代杂志》称他为"融合两个文化的人"，诚非虚语。

斯诺去了，但他的二十年前的"二个文化"所触及的问题仍然存在，并且有日益严重的趋势。因此，他的批评、他的呼吁仍然一样有价值。事实上，学术文化的分裂，严格地讲，又何止"二个文化"？大者言之，诚如去世不久的大社会学家帕森斯所说，至少另有一个"社会科学文化"；亦即是"三个文化"[2]。再深一层看，则这三个文化的内部无不门墙耸立，百户千窗，彼此都有难以窥透、沟通的界限，出现了无数的小圈子文化。毫无疑问，学术的分裂与再分裂，追源究委，乃是学

---

[1] C. P. Snow, *The Two Cultures: And a Second Look*, Cambridge University Press, 1965.

[2] T. Parsons, "Some Considerations on the Growth of the American System of Higher Education", in J. Ben-David and T. N. Clark eds., *Cultures and the Creators*, University of Chicago Press, 1977, pp. 244-265.

术的专业化所致。学术专业化固然可看作是学术的精致化与进步，但由专业化而产生的学术文化的分裂，则使人们成为越来越专狭的专家，除了对自己划定的小圈圈的知识有深入理解外，对小圈圈以外的知识学问则了无所知，也无兴趣，从而，人们无法再拥有一共同的整体文化观。

斯诺在《再看二个文化问题》[1]一书中指出，文化的分裂，使人不能对"过去"做正确的解释，不能对"现在"做合理的判断，同时也不能对"未来"有所展望。他这个看法实在也颇有深意。

2

学术文化的分裂所构成的一个重大困惑是：究竟怎样才算是一个"知识人"呢？这个问题在过去是不存在的，但在 20 世纪 80 年代的今天则显然已是越来越迷惑的问题了；实际上，这个问题严重地困扰许多大学的校园。1978 年 4 月 1 日的《星期六评论》上刊载了题为《哈佛出现的迷惑：什么构成一个"知识人"呢？》的文章，正道出当今大学中极为头痛的事[2]，因为

---

〔1〕 C. P. Snow, *The Two Cultures: And a Second Look*, Cambridge University Press, 1965.
〔2〕 参见本书《怎样才算是一个"知识人"》一文。

这涉及大学教育之基本的角色与功能。究竟大学的角色是训练专狭的科学家、技术员或各色各样的研究人才呢？抑或是培养对文化（包括科学的）、艺术和社会有广阔的理解力的人才？也许我们可以说，这是两种不同的"知识人"的界定，至于大学究竟应该为社会培育和提供哪一种的知识人实在是文化与教育上的头等大问题，而对这个问题最为关心的无疑是美国的大学。

在大学林立的新大陆，哈佛大学在这方面曾扮演历史性的领导角色。艾略特的"选修制"（elective system）以及康纳德（J. B. Conant）的"通识教育"都曾深刻地影响到美国教育。哈佛以及一般的美国大学在研究院的设计上纵然越来越专精，但对大学本科的教育则始终相信应该以培养具有广阔的文化意识与修养的人才为鹄的。所以，美国的大学本科教育一直标举通识教育的旗帜。20世纪30年代的芝加哥大学的校长哈钦斯可以说是通识教育上最具代表性的教育家。[1]但是，美国这个通识教育的传统，自60年代以来，受到越来越严厉的专业化与市场化（课程以适应市场需要为主）的压力。通识教育的课程逐渐地演

---

〔1〕 哈钦斯的思想可见于他的 *The Learning Society*, Pelican Book, 1970, 但真正实行了他的思想的恐怕只有 St. John's University。与哈钦斯气味相投，在观念上最接近的则是阿德勒（M. Adler）。阿德勒直到今天仍坚信"专门化"是我们这个时代的大害。他最近还提出一个雄心万丈的通识教育的大计划；见 M. Adler, *The Paideia Proposal: An Educational Manifesto*, New York: Macmillan, 1982。

变得涣散与混乱,几乎再无内在的整体性与连贯性。通识教育成为零零碎碎的杂凑的拼盘,驯致 1977 年加奈基高等教育委员会称之为"灾祸性的区域"。[1]有一点似乎是相当肯定的,60 年代、70 年代的大学培养的学生,大概很少具有斯诺所说的"二个文化"的素养了。斯诺的"二个文化"演讲主要是针对英国,特别是剑桥大学的,但他所怀的忧虑一样适用于美国以及其他社会。

3

1978 年,哈佛大学出版了一份长达 36 页的《核心课程报告》(Report on the Core Curriculum),这是哈佛的文理学院院长罗索夫斯基(H. Rosovsky)及他的同事苦心经营的结果。这个报告显示了哈佛重新对通识教育的认真的探索,也有力地象征了哈佛对"知识人"的重新界定的努力。不足为奇的,这份报告立刻引起了全美国的注意,《纽约时报》在社论中表示了一种期许,指出"哈佛的方式成为美国的方式";《星期六评论》且称之为"一个静默的革命"。但是,究竟什么是哈佛的方式?到底这个静默的革命意义何在?换言之,什么是哈佛的

---

[1] 参见 Clark Kerr, *The Centrality of General Education*, Hong Kong Chung Chi College, The Chinese University of Hong Kong, 1982, pp. 2, 14。

新通识教育的内涵？所谓的核心课程是哪些科目呢？

　　哈佛通识教育所提出的"核心课程"的报告，不能算是有大创见的文献，但它却具有重要的意义。在一个日益专业化的时代，哈佛在全面辩论研究之后，仍然肯定了通识教育的价值；在大学越来越以学系为壁垒的气候下，哈佛仍然有勇气突破学系的藩篱，而设计跨系的科目。这种教育思想与哲学上"反潮流"的观点能够为哈佛的多数的教师所接纳，就不能不算是件值得赞许的现象。那么，哈佛所肯定的"通识"有哪些共同的科目呢？关于这一点，这个报告所采取的立场是相当温和的；或者更确切地说，是相当有弹性的。

　　事实上，哈佛这个报告根本上否定可以有一人人皆可适用的核心课程；譬如它根本不认为可以有一套任何一个"知识人"都必须熟读的经典（Great Books）。诚如一个叫西蒙斯（A. Simonsons）的哈佛人说，任何一位期待哈佛为他择定一套放之四海而皆准，为任何"知识人"均应研读的东西，那么他是准会失望的。[1]哈佛所谓的"核心课程"实际的意义是在大学的教师中取得了一个大家同意的广泛的纲领。有些教授，

---

[1] A. Simonsons, "A Timid Reform, A Modest Advance", *Dialogue*, Vol.13(1980), No.1, pp. 14-21.

特别是物理科学方面的，坚决反对学士学位的必要条件中包括了修读"非学系"的课程，但大多数的教授都相信，大学生在专门的兴趣（主修科）之外，应该取得或熟悉某些其他知识与技术，也即应该修读一些非学系性的课程，这个理由就是"通识教育"的基本立足点，也是哈佛认定一个现代"知识人"所应有的训练与修养，罗索夫斯基等提出而获通过的"核心课程"报告就是建立在这个共识的基础上的。

照这个报告，每一个学生应该至少在下面每个知识领域——文学、艺术、历史、社会分析、道德哲学、自然科学、数学、外国语言、外国文化——中选读一个课目；在这些领域中，每个领域又有八至十个科目可供选择。这些课目中，有的是特别为"核心课程"设计的，有的则就目前哈佛已有的课目加以选定的。上述知识领域中的各个课目的设计，旨在传授每个领域中的"理解的模态"（mode of understanding），而哈佛的新的核心课程的构想则是希望每个学生都能对上述各个领域的知识掌握其"理解的模态"（重其理解之途径，而非其具体的资料也）。

更具体地说，在这个将在 1983 年生效的核心课程下，一个学生要取得学位，他总共需要修读 32 门课，除 16 门为主修外，至少 7 门须属核心课程，最多又可有 9 门是选修课程。

4

有人说，哈佛这个新的"核心课程"既不新，也无核心，同时，也不能为其他大学提供一个大学教育的彻底改革的范例。我们以为这个批评不算太错，但值得大家思考的是，为什么一定要有主修？为什么核心课程又那么广泛？除了主修与核心课程外，又为何要给选修课程那么大的比重？这些问题不必由罗索夫斯基和他的同事来答复，每个关心大学教育的人都可有他自己的答案。我个人的看法是，美国大学虽一向重视通识教育，但由于自20世纪以来，美国大学性格已发生巨大变化，惠勒（B. I. Wheeler）校长骑白马过伯克利校园的日子已过去了，而知识的爆炸与专业化更是前所未有。今日的大学诚如近百年前伯吉斯（J. Burges）所谓，"整个未知的知识领域属于大学"，大学已成为一个没有一样东西不可研究的地方了，大学的范围不啻就是知识的范围，也因此，学科不断扩增，课目之蔓延或精密化更是惊人，加州大学在60年代竟列有上万门之多！在这种"道术分裂"的情形下，不走专业化的路子几乎是学术上的自杀。

哲学家怀特海对专精与博文的问题显然有其定见，他说:"我确信在教育中,你排除了专精,则你摧毁了生命。"[1]
剑桥的阿什比爵士也认为,走向文化的大路必须通过专精之门
槛,由专精始可通达博文,否则浮光掠影,不流于浮浅者几
稀?[2]以此,就大学教育言,一定程度的分科是必要的,也因
此,学系的出现是无可避免的,而大学生之主修一系一科也是
很自然不过的事,从而,哈佛之教育改革方案中,仍然维持主
修的制度是可以理解的,而主修课程占全部课程的一半也是无
可訾议的。

至于哈佛的"核心课程"还有那么多的弹性,那么广的
范围,诚然给人一个并无"核心"的感觉。就这一点说,也许
真正是大学追求知识整体性与统一性的传统理念的退却。但
是,知识的领域既如此辽阔与复杂,要在人文、自然科学、社
会科学中肯定一个共同的知识宇宙的结构与原则又何其之难,
即使一向被认为是知识宇宙的"中心"的哲学,目前也像数学
一样已分裂为无数专门的领域了。从而,知识之分化既无可避
免,艾略特的"选修制"似乎是教学上一个自然的结论。

一点不错,艾略特就认为选修制使学问之追求变得可能,

---

〔1〕 A. N. Whitehead, *The Aims of Education and Other Essays*, New York: Free Press, 1967, p. 10.

〔2〕 E. Ashby, *Technology and the Academics*, London: Macmillan, 1966, p. 84.

更确切地说，选修制也使大学之教育变得可能，他认为选修制是一种自由的欢庆，也是富裕的结果（不是富裕的学校，无法提供太多的选择）。但选修制也非没有毛病，正如弗莱克斯纳提出，选修制不啻把整个教育的负担压到个别学生的肩上了。事实上，60 年代以来，哈佛以及其他大学都给予学生极大的选择的自由，允许他们减少甚至免读通识教育的课程，驯致出现极端放任与无政府的状况。在哈佛这个"核心课程"中，尽管学生仍享有从将近 100 门课程中选择 7 至 8 门的自由，但较之目前可以从 800 门以上的课程中选择 8 门的自由是减缩许多了，故有人指出罗索夫斯基的报告显示大学的教授已积极地提起了教育子弟的责任与权威了。

总之，哈佛的"核心课程"报告是美国大学教育上一个重要的文献，它虽然没有能解决大学教育，特别是通识教育中的所有问题，但它毫无疑问地重新肯定了通识教育的地位与角色，这一点是十分值得重视的。香港中文大学自创校以来，即承认通识教育的价值，并且特别把通识教育的责任赋予各个书院。我从哈佛的《核心课程报告书》，以及它在美国所引起的广泛积极的反应中，觉得中文大学的努力在世界大学中颇有"吾道不孤"之感。但是，在专业化、职业化，以及教育市场化等种种气候与压力下，如何为通识教育在整个大学课程中做一适切平衡的安排，如何为通识教育设计一合乎中国现代"知识人"所需要的课程内涵，如何为通识教育寻求一可以打通斯诺爵士所谓"二个文化"（其实是许多文化）竖立的知识藩篱的途径，将是一个需要大家不断思考与用心的事，因为，我们并没有一个现成的范例或方程式。

1980 年 7 月成稿，1983 年补注

怎样才算是一个"知识人"
——岂止是哈佛的迷惑

1. 哈佛园的迷惑

今年（1978年）4月1日《星期六评论》上刊载了《哈佛出现的迷惑：什么构成一个"知识人"呢？》的文章，作者Susan Schiefelbein 所说哈佛的迷惑是指哈佛大学的通识教育课程而言。这个迷惑环绕着一个基本的问题，即什么才算是现代大学的教育？或是，怎样才能培养一个现代"知识人"呢？其实，这个迷惑又岂只限于哈佛一校而已？！[1]

美国的大学教育不同于欧洲，它所重视的是通识教育

〔1〕 这方面的讨论，见 Susan Schiefelbein, "Confusion at Harvard: What Makes an 'Educated Man'?", and Fred M. Heckinger, "Retreat from Anarchy", in *Saturday Review*, April 1, 1978, pp. 12-20。

（general education），而不是专业教育。美国的专业教育的重点是在研究院，这一点与英国及欧陆不同。尽管近年来关于通识教育与专业教育有许多论辩，但美国大学基本的看法与信仰没有动摇，即认为大学教育不宜过早专业化，而应该是一种通识教育。这种看法与信仰，也越来越受到世界各国教育界有识之士的回响，譬如英国的罗宾斯爵士（他是负责扩展英国60年代高等教育的设计者），就认为大学课程的敌人是专业化；他说："专业化应该在研究院。"[1] 在这里，我们要指出，在教育界常常把"通识教育"与"博雅教育"混为一谈。实则，二者在目的上是不同的。博雅教育是相对于职业或实用教育而言，其目的在培育"统一的人格"（unified personality）；而通识教育是相对于专业教育而言，其目的在达到"统一的知识"（unified body of knowledge）。当然，二者之内涵及"统一"之精神是有相通之处的。

哈佛校园今日的迷惑不在大学教育应否是通识教育，这个第一层次的问题并没有引起辩论；引起辩论与混淆的是第二层次的问题，即什么是一个理想的通识教育的课程？怎样的通识教育才能培养一个真正的现代化知识人？最近哈佛文理学院

---

〔1〕 参见 *The Time Higher Education Supplement*, November 4, 1977。

院长罗索夫斯基和他的同事所提出的课程改革方案，就在解答这个问题。其实，这个问题之研究不只在哈佛进行，也在其他学府如耶鲁、普林斯顿、斯坦福、约翰·霍普金斯、康奈尔、阿默斯特等进行。但哈佛的改革案似乎是最受注目的，这不只是因为哈佛在这方面一直居于历史性的领导地位，而罗索夫斯基对这件事的认真执着、苦心孤诣也是原因，他为这件事与同事已静静地工作了整四年，最近他谢绝了耶鲁大学校长之职，足见他对此改革的重视。诚然，他这个改革案一旦为哈佛接受，则其必然会产生全国性的久远影响。其在教育上的意义是极其重大的。在哈佛历史中，艾略特的"选修制"（即学生可自由选择课程）、洛厄尔的"集中制"（即除选修课外，学生尚须集中修习一个学科，此在他校称"主修"），以及科南特的通识教育，都一一影响了美国的大学教育。尤其是1945年哈佛委员会的报告《自由社会中的通识教育》（General Education in a Free Society）这个"红书"（因封面为红色而得名）更左右了哈佛及新大陆的教育思想。哈佛"红书"的课程计划除了主修外，学生尚须选一些特别设计的基本课程，而以西方文化的遗产为中心。但在20世纪60年代，一种教育上自由放任的思想横扫美国，排斥了所有教育上的限制性结构，驯致大学废除了必修课：一方面，课程之选择一任学生之喜好；另一方面，大学课程之开设则花样翻新,泛滥无归,缺少重心,缺少结构性。据卡耐基发展教学基金会之研究指出,许多学校的课程都是杂凑式的,没有内在的整体性、连贯性。在哈佛,尽管通识课程中许多课目不乏非常优异的品质,但也是零零碎碎的。在哈佛,通识教育被戏称为"开胃食品",丰美则丰美矣,但却多得不知如何选择。试想在2600门课中,选择10门所谓基本课程会是如何一种光景!因为课程计划中没有规定优先次序,没有界定最低限度的标准,没有认定哈佛教育的"中心"知识,故有人认为通识教育课程像在大海中无目标地漂荡,既无地图,也无指针。罗索夫斯基说,课程目录"不久就会像曼哈顿的电话簿,厚则厚矣,但它能否提供正确的消息"?通识教育课程在哈佛如此,在别处,亦大同小异,甚或问题更多,这一普遍性的现象,引起许多教育家的反省与忧虑,有的人认为美国的通识教育出了"毛病",有了"危机",卡耐基基金会甚至称之为"灾祸性区域"!

2. 通识教育的重整

通识教育课程之需要检讨、重整,这儿年来已成为共同的呼声,卡耐基基金会如是说,美国教育署长、前纽约州立大学校长博耶(E. Boyer)最近在《变革杂志》(*Change*

Magazine，此为美国一份讨论高等教育的重要刊物）上也大声疾呼。他认为美国大学教育必须有一共同的中心课程，他像卡耐基基金会一样，指出通识教育不能泛滥无归，必须重新界定它的范畴。哈佛的罗索夫斯基的改革案的中心精神也无非在建立知识的共同基础，他的改革案就被称为"核心课程"（core curriculum）。博耶、罗索夫斯基等人的工作显示，美国的高等教育界已出现一个平静的改革运动。这个改革运动所揭橥的是"回到基本"（back to the basics）的大旗帜！[1]"回到基本"的旗帜所代表的是不满于近年教育水准的低落，不满于学校中各种所谓现代的教育方法，不满于 60 年代教育上的放任哲学与政策所造成的现象。

在一片检讨与批评的声音中，我们发现对目下的教育之不满是一致的，但什么才是正确的改革方案，什么应是今日通识教育的内涵则言人人殊，很难有一共同的答案。这也就是说什么是一个现代知识人的理想形象，什么是一个现代知识人应该具有的知识，这个问题出现了难境。此一难境之产生原因甚多，大致言之，这是由于知识的爆炸、学术越来越细密的分化

---

〔1〕 参见 Michael Binyon, "U. S. Pendulum Swings Back to the Basics", *The Times Educational Supplement*, March 18, 1977。

与专业化，加之现代生活和社会文化的复杂多变，使得知识上的"统一性"和教育课程上的"连续性"变成最大困难。在今日的知识界与教育界，已不止如剑桥斯诺爵士所指出有"二个文化"（科学与人文）的对垒与隔绝，而实际上已有多种文化的对垒与隔绝，隔行如隔山，学科与学科之间道绝路断，几无消息可通。德儒贾斯佩斯在其《大学理念》一书中曾指出大学之为名是指其为一"宇宙"，一切学术知识需构成一"不可分割的整体"，即所有学科需有其"统一性"，而能"一以贯之"。而学术知识之"整体性""统一性"则是人们希冀学习掌握之实质。他认为现代大学已退堕为一些不同学科的拼凑，学科与学科之间固难有沟通可言，而在学者与学者亦不复能有辨析论道之可能。[1] 从而，大学之为一"学人社会"之理念已受到破坏。因之，如何打通学术专门的关卡，如何贯穿不同"文化"的藩篱，是知识学上的大挑战，也是教育学上的大挑战。而在通识教育上要想建立一"核心课程"乃成为极困难的事。

卡耐基基金会并没有提出通识教育究竟应是哪些课目，但它提出了一个广泛的纲领，认为一个大学生应有能力应付生疏

---

[1] Karl Jaspers, *The Idea of the University*, ed. by Karl Deutsch, London: Peter Owen, 1960.

事物的技能，了解世界问题对人众的影响，并能够对生活的品质有一种鉴赏力及对文明有一个历史的眼光。这个报告把通识教育重点放在"科际整合"的方法上，亦即不以传统的学系为教育的基点，而以问题的研究为重点。譬如一个假设性的"人与环境"这样的课目，将会综集历史、哲学、艺术、经济、政治及自然科学各系的教师，集体研讨自然的资源、农村与都市的生活、工业社会的病态及环境计划等问题。这种科际整合的方法在理论上是可取的。它的构想是以一个主要的问题为中心，并把此问题追溯到"根源"上去，而此一"根源"则会渗透贯穿到一切有关的知识领域，从而可打破大学传统的"学系为本"的知识藩篱。但是，科际整合说来易，做来却不简单，真正的科际整合涉及各个学科间基本假设、理论取向与方法技术上的结合，此则极不容易。实行起来，往往畸重畸轻，造成混淆，不是沦为一个学科的理论架构的垄断（以其他学科的知识为陪衬），就是沦为各个学科知识的拼凑缀补，而失去统一性。科际结合的方法在某种限度内是行得通的，譬如生化学、政治地理学、社会心理学等，即是两个学科的结合。但要贯穿几个学科，特别是跨越人文学与自然科学和社会科学几种文化壁垒则戛戛乎难。因此，通识教育是否走得通这条路仍在未定之天。

3. 现代知识人的界定

通识教育另一条道路则是根据一个现代知识人的基本需要而设计出一套课程。这条道路的着眼点不在寻求一"统一"的知识，而在寻求一套基本而必需的课程，然后通过受教者个人的消化体会而统一之，也就是说，知识是通过"人"来统一，而不是通过"学"（即通过"问题"之研索追根）来统一的。因此，"通识教育"与"博雅教育"在这里是多少合而为一了。

那么，究竟哪些是基本必需的课程呢？诚如前面所述，这不是一个容易有公认的标准的。罗索夫斯基及其同事所提出的核心课程包括五个领域，即（1）文学与艺术：它的目的是使学生熟悉重要的文学和艺术的成就，并发展一种批判性的能力，以理解人为何赋予其经验以艺术的表现；（2）历史：其重点在从历史的角度观照当今世界的主要方向，并使学生理解到过去特殊情景中人类事物的复杂性；（3）社会分析及道德的推理：介绍这两种知识中的中心概念，并养成学生系统性的思考能力，以掌握当代社会中个人及社群生活的基本问题；（4）科学：供学生接触物理科学、生物科学及行为科学中的基本原理，并以科学作为对人对世界的一种观察方法；（5）外国文化：旨在扩张学生的文化经验，并对他（或她）自己的文化假设和传统提供新鲜的观点。从时间的分配来说，"核心课程"约占一年；主修为两年，而选修则约占一年。[1] 在我们看来，这个课程设计是颇费周章的。它不只保有了传统的博雅教育之人文学的要素（如历史、文学、艺术、音乐及语文，这些都是培养历史感、文艺鉴赏力及精神格调的课目），还扩及社会科学与自然科学的领域。这显示作为一现代知识人必须有更广阔的知识基础。诚然，自然科学与技术革命以后，科技已成为人类理解和改变世界的重要的知识根据，科学的精神更已与人文精神不可分割，而在社会越来越复杂的情形下，社会科学也变成人类了解和掌握本身命运所不可或缺的知识中的一环。至于此一课程之列外国语文与文化为一必要课目，我们以为亦是正确的。种族文化中心的蔽障之解除和博爱精神的培养，都必须从了解和欣赏外国文化为起点。西方人几个世纪来自觉与不自觉所形成的西方本位观正需彻底检讨，以正面地承认不同于己的文化价值与社会体系。此点索尔仁尼琴最近在哈佛大学接受荣誉学位时亦有所论及。罗索夫斯基的建议书曾在校内引起广

---

[1] Report on the Core Curriculum, Faculty of Arts and Sciences Harvard University (Revised), May 1979.

泛的论辩，并遭到阻力。诚如哈佛前校长艾略特所说，一所庞大的学府的惰性是极大的，而对于像这样基本性的改革案必然会遭到不同理由的阻力，乃是无足惊讶的。所以罗索夫斯基的改革案卒能够顺利过关，实在不能不归功于罗索夫斯基的努力及哈佛人对通识教育的传统性的爱好。我们同意《星期六评论》一文的看法：罗索夫斯基的改革运动之意义不在其是否被接受或被否决，它的重要性毋宁在于激发了一种对现代教育的新哲学、新方法的探寻。社会学家里斯曼（D. Riesman）说："我们活在没有信仰的高等学术的世俗教堂里，而这些教堂原来是建于信仰的基础上的。"[1] 赞成通识教育改革案的人士认为，核心课程正在于探寻这种信仰。那么，今天通识教育所探寻的信仰应该是什么呢？这也涉及今日"知识人"到底应该有怎样的修养的问题。洛克菲勒基金会主席诺尔斯（J. Knowles）以为今日的"知识人"应该有能力把"不同的知识综合、融汇而一以贯之，并能够从人文精神出发知道哪些是'应该'做的，从科学与技术角度判断哪些是'可以'做的"[2]。诺尔斯的说法，实不外指人文主义与科学精神而言，此当然不是他的创

---

〔1〕 见第 80 页注〔1〕。
〔2〕 见第 80 页注〔1〕。

见。我们以为 20 世纪"知识人"一种合理的信仰是科学的人文主义。他应该知道自然世界与人文世界的关系，并通过科学与技术以建立并丰富以人为主体为本位的人文世界。

处于 20 世纪 80 年代的今天，在社会文化越来越复杂的趋势下，知识的需求日益增多，教育制度如帕森斯、贝尔等所指出，已越来越成为社会的中心结构，而大学教育在整个教育制度中更日渐占有决定性的地位。[1] 以此，如何设计大学教育，特别是如何设计通识教育是第一等重要的事。这件事关系到怎样才能培养"知识人"的问题（或培养怎样的"知识人"的问题），也关系到明日社会文化的性格和动向的问题。诚然，大学教育的性格与使命都与其国家和社会的情景不能分开，也以此各国大学必然会有其特殊的精神面貌。中国的大学教育的问题自不必与他国同，但上面所谈到的问题，我们相信有它的普遍性，值得我们重视和参鉴。

1979 年 7 月成稿，1983 年修订

---

[1] Talcott Parsons, "Some Considerations on the Growth of American System of Higher Education and Research", in Joseph Ben-David & Terry N. Clark eds., *Culture and Its Creators*, University of Chicago Press, 1977, pp. 266-284.

大学的世界精神
　　——为"新亚书院龚雪因先生访问学人计划"
　　之成立而写

1

　　大学的起源，在中西历史上，固然可以追溯到先秦与希腊，但今日我们所熟悉的大学，照拉斯达尔（H. Rashdall）的研究，是"一个无疑地中世纪的制度"。提起中世纪，吾人心目中或立刻会浮现一个"黑暗"的形象，实则，中世纪在黑暗中大有光亮。中世纪的大学，博洛尼亚、萨莱诺、巴黎、牛津、剑桥、海德堡等，就是一盏盏千古不灭的学灯。中世纪大学最具永恒意义的便是它的世界精神，它的超国界的学术性格。一个意大利大学的教师，他可以云游四方，在欧洲任何一个角落之学府的餐台上受到学者的礼遇。主人与访客说共同的语言（拉丁语），跪在同一的十字架前祈祷。他们谈学论道有一共通的知识领域，彼此都熟知亚里士多德的修辞学、托勒密的天动说。在中世纪的学人不啻是欧洲大学联邦的成员。那是一个没有国界的大学的星群。

中世纪大学的世界精神，因拉丁文的消失与宗教的分裂而逐渐退却。教条主义与门派思想之当道，知识之内涵辄随大学而有异，就哲学而论，即出现"党派路线"；如英国国教派的牛津、离心派的爱丁堡，以及天主教派的维也纳。学术失去了共同的标准，彼此非但难以沟通，抑且往往成为敌对的阵营，大学的世界精神荡然无存。一直到了17、18世纪的科学革命之后，科学思想的客观与普遍性格，一一战胜了教条主义和门派恩怨，才逐渐恢复了欧洲学术的统一性，并且扩展到整个的文明社会。中世纪大学的超国家的世界精神也重新获得新的意义与力量，大学始从一个各自为牢的枷锁中突破出来，诚如剑桥阿什比爵士说："牛津的忠诚不再属于英国国教教会，甚至也不仅仅属于英国的学术体系，而是属于整个的从中国到秘鲁的大学的星群。"中世纪已为历史之往迹，但中世纪大学的世界精神却已成为今日大学最光辉的遗产。

2

中世纪大学的成长与茁壮，不只因为它们拥有学术中心的声华，更由于当时政治的差异性并没有阻碍了学人的云游访问。在人类历史上，我们发现，不同的思潮的撞击，常造成文化学术的灿烂景观。中国的春秋战国，欧洲的文艺复兴都是众所熟知的例证，而思潮的形成与传播，往往循着学人的迹印而移动。任何一个国家或民族的文化，不论如何丰赡璀丽，皆不可能是圆满俱足、无可增美的。事实上，学人的远游外访，都常常丰富了他自己，也丰富了他的文化。伏尔泰1711年的英国之游，把牛顿与洛克的思想带回法国；亚当·斯密1765年的造访法国，启发了他的名著《国富论》的思想；诗人柯勒律治（Coleridge）把谢林与康德输入英国；斯塔埃尔（de Stael）夫人把歌德与席勒引进法国；严复与蔡元培的英、德之行，带回了物竞天择的达尔文思想与德国现代大学的精神。诸如此类的学术文化的移植，史不绝书，不胜枚举，而其意义之重大与深远，实不待智者而后喻。

　　大学是社会的学术文化的要枢，而一所真正配称大学的学府，则莫不把自己置身于世界大学的星群之中，它的大门也必向四海之内的姊妹大学的学人善意地敞开。东海、南海、西海、北海有学人，若大学的学人能彼此造访，互相攻错，交光互影，则一真正世界性的学人社会当能逐渐出现。此不但可以使整个大学的星群愈加光辉绚丽，而一种世界性的民胞物与的情怀也会生根发芽；大学之为大学，即在其拥有一种学术没有疆界的世界精神。故每个大学的学人都可以像多恩（J. Donne）一样说："吾涉身于人类之中。"

3

大学的世界精神的孕育与发挥，诚有多途，唯学人之相互访问，则不止为中世纪大学之传统，亦为极有意义与价值者。通过学人的互访，就访问学人本身言，固然得以在读万卷书之余，行万里路，广阔眼界，亦可与各地学人，交流意见，切磋学问。歌德尝谓："认识你自己，将你自己比之于人。"通过面对面的接触，思想与思想的交换，在在会引发新想法、新意境，而精神上的感通、心灵上的会遇，尤足兴海内知己、天涯比邻之感。此固然能加深世界精神，同时，学人对自己之民族文化，对自己原有之大学，经由反省与比较，尤能激起新的认识、喜爱与承担。至于对一所款待外来学人之学府而言，有朋自远方来，不亦乐乎？中国文化自来即有此四海一家之开放精神，而来访的学人，与师生居息一堂，涵泳优游，设能有一相当之时期，聚晤论学，无拘无束，则不只有知识与知识之摩荡，更有人与人间之相契相悦。任何大学，无论其如何伟大，皆无法罗致天下一流学人于一校。邀请世界各地学人之到访，正可以增加大学之力量，可以不断增添新激素、新观念与新理想，从而，虽地居一处，而可以与世界相通相接。世界大学之为一星群，正是此意。

天下一家的真正境界尚缈远难期，但大学之世界精神却是一座无远弗届的桥梁。通过这座桥梁，学术得以彼此沟通，文化得以互相欣赏，学人与学人间更得以增进了解与互重。不能否认，今日我们所处的仍是一个分裂的世界，人间还有无数人为的关卡，最后的跨越，根本的根本，还在于人之整体性的尊严与价值的觉醒与肯定。人之位序的不定，世界一家的理念终难落实。在这里，我想转述一则我读过的故事：

　　一位父亲，颇不耐烦他孩子玩具的噪声，为了要宁静思考，他撕下手上书中的一张地图，弄成无数纸片。"孩子，你慢慢把这些纸片拼成地图的原样，再玩你的玩具吧！"想不到，没有好一会，一幅完整的世界地图已经放在眼前。父亲惊讶地问："孩子，你怎会知道世界地图的原样的？""父亲，我不知世界是怎么个模样，但这幅地图的背面是一幅人像，我就是照人像来拼整的。当人回复到人的原样，那么，他背面的世界也就一定回复到世界的原样了。对吗？"

我们相信，学人的互相访问，就在突显人，一个个学人的整体性的尊严与价值，而此正是建立世界理性秩序的一条通路。

4

今年 9 月 11 日，我去拜会久欲登门致谢的龚雪因先生。龚先生是香港工商界一位声誉卓著的前辈先生。近三年来，他一直默默地支持中文大学的新亚书院，我也只默默地感念他的好意。这次见面，使我有机会跟龚先生谈谈新亚书院的理想与发展。当他知悉我与同仁有一个访问学人计划的构想时，甚感兴趣，并当即表示愿意捐出港币 50 万元作基金，以其孳息支持此一永久性之计划。就凭龚雪因先生这种对学术文化的热忱，对大学之世界精神的欣赏，我们的一个"空想"就变成即刻可行的事实了。龚先生说："我虽非富有，但我还有一点能力对教育文化尽些心意，算不了什么！"这是何等的谦冲！何等的襟怀！在龚先生身上我清楚地看到中国文化中的优美品质。

新亚书院的师生对龚雪因先生的慷慨支持，极为感奋，为了对龚先生的情怀表示尊敬，决定将访问学人计划定名为"新亚书院龚雪因先生访问学人计划"（简称"新亚龚氏学人计划”）。无疑地，这个旨在推动学术之世界精神的“新亚龚氏学人计划”将与年前设立、以发扬中国文化传统为目的之“钱宾四先生学术文化讲座”，共垂久远，与新亚同寿。

1980 年 9 月 20 日

蔡元培先生象征的学术世界

——蔡元培先生新墓碑落成有感

日前收到"旅港国立北京大学同学会"的请柬。

> 谨订于五月七日（星期日）中午十二时正在香港仔
> 华人永远坟场举行蔡故校长孑民（元培）先生墓修建竣
> 工暨春祭典礼　恭请
> 惠临
>
> 　　　　　　　　　　旅港国立北京大学同学会敬约

我非北大学生，而生也晚，更无缘亲炙蔡元培先生之教，
展读请柬时，初不无讶异，但继而想到蔡先生实不只属于北大
的，他是属于整个学术界文化界的。对于蔡先生，只要是读书
人，都不能没有一份好感与敬意。我曾看过几本有关蔡先生的

专书，对于这位中国大学教育史上的伟人，早有深挚的孺慕。因此，我对北大同学会这份请柬感到分外亲切和珍贵。

我最早注意到蔡元培先生卜葬于香港这件事，是读了已故同乡前辈孙德中先生撰写的《蔡元培孑民先生重要事略系年记未定稿》（收入氏著《蔡元培先生遗文类钞》一书，复兴书局，1961 年）。从这系年记中知道蔡先生最后几年都住在香港。1964 年，业师王云五先生赠我《谈往事》（传记文学丛刊）一书，看到其中《蔡孑民先生与我》一文，才知道云五先生与蔡先生的深厚交义，更知道蔡先生一生中最后阶段是与云五先生在香港度过的。他们都是 1937 年全面抗战发动后，先后经上海南来香港的。最初，蔡先生曾在香港商务印书馆的临时宿舍与云五先生相处三个月，朝夕有暇，畅谈古今。其后，蔡夫人携儿女自上海来港，才搬到九龙柯士甸道去住，但云五先生每周仍尽可能渡海往访蔡先生，一直保有亲切的往来。1940 年 3月 4 日蔡先生胃出血，断为胃溃疡，云五先生随同救护车急送香港养和医院，而次日蔡先生逝世之时，云五先生亦是病榻送终之人。至于将蔡先生茔葬于香港仔华人公墓，也是云五先生与蔡先生家属的决定。

据云五先生的记述，蔡先生来港的目的是想取道前往西南，主持中央研究院的。无如抵港后先是因病不能远行，继则交通日益艰难，只好暂时留下，遥领院务。蔡先生留港期间，深居简出，轻易不肯公开露面，迹近隐士。他唯一例外的公开演说，则是 1939 年 5 月 20 日，出席香港圣约翰大礼堂美术展览会上的一次。此一集会是当时香港唯一的高等学府——香港大学——发起的，主席是港大校长史乐诗先生，香港总督罗富国爵士等均出席。当时蔡先生的演说也临时由云五先生担任英译。蔡先生此次独破例公开演讲，表面上似为他一生爱好美术，提倡美育之故，但实际上则不然。据云五先生说，这是蔡先生当时已决计近期离港前往后方，故借这个学术的集会公开露面，以示他对香港公众的话别。但未几蔡先生身体转弱，不便远行，尤不堪西南山川之艰辛跋涉，终于郁郁病逝于香港，这不能不说是蔡先生一件大憾事。但就香港来说，则又何幸而能葬先生之清骨！的确，蔡先生之卜葬于港岛，是香港文化史上一件大事！写到这里，我觉得我们对蔡先生与香港的关系知道得很少，也即蔡先生留港的近三年时间中的事迹知道得甚不够，孤陋如我，只从云五先生的短文中略得消息，总觉得这段历史还得有人好好地补起来。全汉升先生认为最适合做这工作的是云五先生，此我亦有同感，真希望云五先生还能凭记忆和资料再作补续。黄麟书老先生认为另一位余天民先生也适合做这工作。余先生是北大毕业生，也是蔡先生在港的秘书，同时也是蔡府的家庭教师，由余先生来执笔当然也是十分理想的。总之，此工作不只是为了弄清楚蔡先生与香港的这段因缘，而且也是蔡先生完整的传记中的最后一章！

蔡先生在港岛香港仔华人永远坟场已长眠了三十八年，这个坟场是一个庞大但很普通的坟场，蔡先生的墓更是一个普通得不能再普通的墓，只是"蔡孑民先生之墓"这个碑石上的七个大字刚健凝重，不同凡响！这是叶恭绰先生的手笔。这位一代学人之墓前，在清明时节，偶尔有人静静地献上一束鲜花。几年来，旅港北大同学则每年举行春秋两次拜祭，以追思他们的故校长，但一切都是很平静的，并没有受到香港各界的注意。其实，在香港，很少人知道蔡先生葬在这个坟场，更少人知道蔡先生的墓究竟在这个坟场的哪个角落。物换星移，蔡先生的墓年久失葺，已有残缺。听说在蔡先生百年冥诞时，港台北大同学乃倡议重修墓园，这件事很快得到回应，修建经年，今年（1978）4月竣工，墓园焕然一新，除叶恭绰先生所书碑石重修外，更加上了庄严先生撰写的千言"蔡孑民先生墓表"，把蔡先生的一生重要事略镌刻在花莲出产的青麻石上，这是一极好的构思。这个千言墓表不只是华人坟场千万墓冢中唯一的一块，而且可以使今后香港学子对蔡先生增多认识，让大家知道躺在这个小小的墓园中的是一个伟大的灵魂！

5月7日前往参加春祭典礼的有近百人，而近半的人都已届古稀之龄，在正午之阳光下，蔡先生墓前闪耀着一片美丽的银灰色，在这许多白发先生当中真正亲炙过蔡先生的恐怕都已是八十过外的老人了。祭礼很简单，但不失庄严，由当年北大的年轻教授李璜先生主持，旅港北大同学会主席林伯雅先生恭读墓表，八五老人黄麟书先生应邀致辞。他谈到修墓经过，指出蔡先生与国父太夫人二墓对香港的特殊意义，并望今后港九人士多来蔡墓拜祭，言简意赅。

蔡元培先生的一生在政治、学术、文化及教育各方面都有很大的贡献，也都表现出独特的思想与作风。在新旧中西价值冲突、是非复杂的19世纪中叶与20世纪初叶（先生生于1868年，殁于1940年），这段时期中，他可说是最少争议性的人物；也是最普遍受敬仰的人物。崇扬蔡先生之文字何止百千万言，但他名扬天下，而谤则未随之，这不能不说是20世纪中国伟人中的极少数例外之一。

蔡先生一生事功学问可以称述的很多，但我觉得他对中国大学教育上的贡献是最特殊的，也是最恒久性的。蔡先生可说是中国现代大学的接生者、推展者。北京大学在他手上才成为真正的大学，真正不愧立足于世界大学之林，而成为中国现代新思想新文化的重镇。他对当时把大学当作做官致富的观念痛加针砭，而清清楚楚地提出大学的理念。他说，"大学者，研究高深学问者也"（《就任北京大学校长演说词》）；又说，"诸君须知大学，并不是贩卖毕业证的机关，也不是灌输固定知识的机关，而是研究学理的机关"（《北京大学二十二周年开学仪式之训词》）；并说，"在大学必择其以终身研究学问者为之师，而希望学生于研究学问以外，别无何等之目的"（《读周春岳大学改制之商榷》）。在蔡先生眼中，大学之为大学，是因为它是以"研究"学问为目的的。国人中有意识地标举出大学之目的为"研究学理"者，恐怕以蔡先生为第一人。这个大学之理念不但与过去以大学为干禄之资者南辕北辙，即使与一般以大学为养成实用人才或只重"教学"者亦大异其趣。蔡先生这个看法显然是受德国大学的模型之影响的。我们知道19世纪末叶时，德国教育在洪堡及阿尔特霍夫等人的革新下，声光远播。他们揭橥大学为"研究中心"的新理念，教师之首要任务是自由地从事于"创造性的学问"。德国这种大学的新理念逐渐影响欧洲各国，并对美国大学发生强烈的冲击。在20世纪初时，德国确是世界大学的耶路撒冷。德国大学的模型影响美国最显著的是约翰·霍普金斯大学的校长吉尔曼、哈佛大学的校长艾略特。吉尔曼与艾略特受德国大学的启示，把大学重点放在研究上，着重研究院的发展，使美国大学的精神面貌焕然一新，使美国高等教育发生根本性的变化。同样的，德国大学的模型也给蔡先生很大的启发性。他以大学是"研究学理的机关"，并且他在民元教育总长任内把"通儒院"改名为"大学院"，在大学中分设各科研究所，并仿德国大学制精神，规定大学高级生必须入所研究，等研究的问题解决后，才许毕业。这都是推展"研究"的举动，可惜这个理想并未实行。但1918年北京大学的研究所在他手中成立了，而到1927年、1928年中国的独立的最高学术机构——中央研究院——也在他手中创建起来，并由他主持。一直到1940年在港逝世时，他还遥领着中央研究院的院务。蔡先生重视研究的功能，重视研究所、研究院的发展，都是因为他要纠正大学"专己守残"的学风，要长远地为中国学术建立自主性、独立性。我以为蔡先生之改革北大较之艾略特、吉尔曼之改革哈佛及约翰·霍普金斯大学的贡献是毫无逊色的，而他之创立中央研究院（1928），与弗莱克斯纳之创立普林斯顿高级研究所也是同样有远见与抱负的。就凭这两点，蔡先生已足不朽矣。

讲蔡先生在大学教育的贡献，总不能不讲他坚持"学术自由"的主张，他在北大时所表现出来的"兼容并包"之主义已成为蔡元培精神的象征。他说：

> 大学者，囊括大典、网罗众家之学府也。《礼记·中庸》曰："万物并育而不相害，道并行而不相悖"，足以形容之。……各门大学，哲学之唯心论与唯物论，文学、美术之理想派与写实派，计学（经济学）之干涉论与放任论，伦理学之动机论与功利论，宇宙论之乐天观与厌世观，常樊然并峙于其中，此思想自由之通则，而大学之所以为大也。(《〈北京大学月刊〉发刊词》)

他对大学的"学术自由"的主张，在《答林琴南君书》中更有严正的阐析。他说：

> 对于学说，仿世界各国大学通例，循"思想自由"原则，取兼容并包主义……无论有任何学派，苟其言之成理，持之有故，尚不达自然淘汰之命运者，虽彼此相反，而悉听其自由发展。

他对于教师之态度更采取一种十分开明的立场，他在前书中说：

对于教员，以学诣为主；在校讲授，以无背于第一种之主张为界限，其在校外之言动，悉听自由，本校从不过问，亦不能代负责任。例如复辟主义，民国所排斥也，本校教员中，有拖长辫而持复辟论者，以其所授为英国文学，与政治无涉，则听之。筹安会之发起人，清议所指为罪人者也，本校教员中有其人，以其所授为古代文学，与政治无涉，则听之。嫖赌娶妾等事，本校进德会所戒也，教员中间有喜作侧艳之诗词，以纳妾挟妓为韵事，以赌为消遣者，苟其功课不荒，并不诱学生而与之堕落，则姑听之。夫人才至为难得，苟求全责备，则学校殆难成立。

只有蔡先生这种唯学问、能力为聘用教师的原则，才能把不同信仰、不同党派、不同学术见解的人才网罗在北大，才能使当年北大成为著名的学术之宫。试想有哪个学校能够把刘师培、辜汤生、胡适、梁漱溟、吴霁、崔适、陈汉章、黄侃、钱玄同、王国维、周作人等这许多"道不同""意见不合"，甚至"势若水火"的学者大师请在一起，蔚然并峙？此即使在先秦与西方，亦恐怕鲜有其比的。只有蔡先生这种"兼容并包"的精神，才能使北大成为"囊括大典，网罗众家"的学府！论者或谓这情形也只有当时的社会、政治环境才能做到，我想此说法不是没有道理，但没有蔡先生这种识见的人去提倡力行，再有利的环境也不一定会出现这种学术上的气候的！其实，蔡先生所倡导的不只是"自由"的精神，更是"容忍"的精神。"容忍"不是烂稀泥，不是无可无不可的意思，而是由于理未易明，应该让不同的学理通过学术性的论辩析疑来决定其命运，而不是通过非学术性的手段来强抑或推波助澜。蔡先生所以能为中国大学建立一个"大学之为大"的理想形象者，不只是在他坚持"学术的自由"，更是在他坚持"学术的尊严"。在学术的尊严下，学术自由才不会被滥用，而真正的学术思想固然可以获得尊重，而非学术性的政治、宗教等宣传便无所遁形矣。在学术"自由""容忍"与"尊严"的理念导引下，蔡先生为学术建立一个超越于现实政治（当时的北洋军阀）、社会势力（当时舆论对他领导的北大绝不是没有批评的）之外的天地，一个纯净的、独立的学术天地。这个纯净的、独立的学术天地是很脆弱的、很容易受到外力的沾染与破坏的，并且几乎是不真的像幻相中的世界一样。但蔡先生却一手建立起来了。此由于天时乎？地利乎？抑人和乎？总之，蔡先生一度建立的具实的学术天地，已成为一象征的学术世界。这个象征的学术世界是百家争鸣、

千岩竞秀的世界，它是读书人所永远梦寐以求的。以此，蔡
先生的象征的存在也必将是永恒的！

1978 年 6 月

卓越之追求

——蔡明裕先生为新亚设立基金有感

1. 大学在现代社会之角色

温斯顿·丘吉尔在1929年对布雷士多大学的学生说："教育最重要的事是对知识的渴欲。教育非始于大学，也当然不应该终于大学。"丘吉尔的说法是没有人会反对的，大学只是形式教育中的一个过程、一个阶段；一个对知识有渴欲的人，自幼到老，都在教育之中，丘翁本人就是一个鲜明的例子。不过，在现代社会，大学的重要性已越来越显著。两百七十年前，英儒培根强调知识之力量与实用性的说法，在今天更得到广泛的回响。盖知识对整个社会之运作与发展已占据最关键性的位置。

前加州大学校长克尔生动地指出，在社会发展的过程中，火车在 19 世纪后半期、汽车在 20 世纪上半期所扮演的巨大角色，在 20 世纪的后半期已由"知识产业"所承担了。诚然，知识产业已成为国家社会成长发展中最重要的资源，而大学则正是知识创造过程的中心。时至今日，大学已不只含蕴纽曼的理念，即大学是培育人才的教学场所，也同样包涵弗莱克斯纳所标举的理想，即大学也必须是学术的研究机构。大学的功能已越来越多元化，它与社会的关系也越来越密切，它已成为社会的主要文化源泉，以及知识新疆域的主要开拓者。

2. 大学之发展与民间捐赠

现代大学，特别是高品质的大学，往往需要庞大的经费。一个普遍，同时也是很自然的问题是：我们能够付得起发展大学的代价吗？可是，更重要的问题却是：我们能够付得起不发展大学的代价吗？经验告诉我们：举凡文化经济先进的国家，大学教育几乎没有不站在世界先驱的位序的。历史上出现光辉时代的社会，常常莫不有伟大的学府巍然矗立，而今日美国与日本在工业上所以能雄踞当阳称尊的地位，何尝不与他们在大学教育上的巨大投资有关？对有些天然资源缺乏的社会来说，要想在国际上执鞭竞先，争一席位置尤不能不赖于国民脑力的发展，以开发所谓"人力资源"。一点不夸大，在一个以知识为中心导向的现代世界，大学教育之发展殆已成为各国知识或人力竞赛的主要疆场。

由于大学之昂贵以及其对国家社会的无比重要性，在世界绝大多数社会，几乎都是由国家来担承发展大学的主要或唯一的责任。诚然，由于大学支出之庞大，即使久享盛誉、富甲一方的私立大学，如英国之牛津、剑桥，美国的哈佛、耶鲁等亦不能不渐渐接受政府之支援。

不过，同时我们也要指出一个现象，即今日在大学教育中据最领先地位的美国，在其千百所大学中，属于享有声望的"美国大学协会"（Association of American Universities）会员的五十所大学，一半为公立，一半为私立。而值得注意的是，这五十所大学则没有例外地，都需倚赖民间的资助以维护其优势位置。换言之，他们都必须借可观的私人捐款以推动或加强特殊的学术计划，用以达到真正卓越不群的地位。民间私人的捐赠，有时用来对既有的计划作质的加强，但主要的却是用来支持新的、原创性的、特殊性的或试验性的活动。因此，尽管私人捐款在大学经费中的比重越来越轻，但它却常能使一个好但又不够好的大学跨进卓越的境界。

3. 基金会与大学

大学接受私人的捐赠，或可说自有大学以来即已有了的，但民间的捐赠对大学教育发生深刻而巨大影响的则是私人基金会出现以后的事。说到基金会与大学之关系，恐怕要以美国最足范式。论者以为1829年史密森（James Smithson）捐赠哈佛大学50万美元一事象征了现代基金会时代的开端。

百余年来，美国基金会与美国教育的发展双轨并行，密不可分，而最近半个世纪中，基金会对于大学教育之支援与承担，可说与日俱增，其中扮演积极角色者如：The Carnegie Foundation for the Advancement of Teaching、The Carnegie Corporation、The Rockefeller Foundation、The General Education Fund、The Milbank and Common-wealth Funds、Russell Sage Foundation 等，不一而足。这些基金会对高等教育固然有理想、有热情，但如何化热情为力量，如何转理想为实际，如何使基金的使用发生最大的效果，则不是一件简单的事。教育的发展需要钱，但单单钱却不能使教育自动地发展。因此，基金会曾尝试各种运用的方式，以求找到一个满意的途径。

一度曾任极具影响力的卡耐基基金会主席的卡普尔（F. P. Kappel）曾经指出，基金会与大学之关系有如家庭，而最能实践基金会理想的途径是让大学担任基金的运用机构。他从经验中了解到这是基金运用上最令人满意的方法。诚然，大学是一学人的团体，从知识与教育的发展需要上说，大学本身自然较有权威性的判断。因此，基金会的类别虽然众多，但大都采取卡普尔的观点，即基金会与大学在彼此了解、相互合作的基础上，由大学担承运筹擘画之责。

在美国，基金会对大学的支持已有百余年的历史，对大学的发展提供了辉煌的贡献。一般言之，在 20 世纪初叶，美国大学或学院尚在草创阶段，学术水平参差不齐。因此，老牌基金会，如 Carnegie Foundation、General Education Fund 等，对于大专院校师资的提高、课程的改善、教师之福利，无不慷慨地给予全面性的鼓励与支持。其发挥的作用之大不啻其他国家政府的教育机构所为。但 20 年代之后，美国的高等教育已进入另一阶段，大学在质量上均有增进，大学之多、经费之大，均非基金会所能全面负担。从而，基金会乃将其目标作了有意识的修正与限制，在观念与做法上有了新的取向，即基金会只将其资源战略性地用作支持大学新知识的探索、新教育法的试验，以及重要学术文化计划的推动。换言之，它们将资源选择性地用来支持大学新的、具有特殊意义的计划与活动。显然，基金会这个战略性的新取向是明智的。事实上，半个多世纪以来，基金会的资源对美国大学的发展发挥了最佳的边际性效果。今日美国大学在高等教育上执世界牛耳之地位，未始不可说是拜基金会之赐；而美国许多大学之所以成绩斐然，声誉卓绝，实与基金会之支持与合作脱不了关系。

4. 大学与书院的有机关系

新亚书院 1949 年创立于香港。新亚的诞生孕育了钱宾四先生等几个书生伟大的文化理念，亦即为中国文化继绝学，开新命；而她取名新亚，实含有建设和期待一个新的亚洲文化的雄心大愿。新亚诞生于忧患之际，但她的文化理念与教育精神一开始即受到海内外的赞赏与回响。

三十余年来，先后有商界王岳峰先生、亚洲协会、哈佛燕京社、雅礼协会等的支持，使新亚在艰困中不断成长。而雅礼协会的合作，在新亚发展史上尤其扮演了重要的角色。1963年，新亚书院被邀与崇基、联合书院合组为香港中文大学，乃进入了一新的阶段，从此新亚的文化理念更在一长远而坚固的学术结构中生根。

新亚书院成为中文大学有机体的一个组成后，她与大学结为一体。但新亚有其特殊的历史传统，有其特殊的文化面貌，她与姊妹书院崇基、联合在大学整体的发展中，同中存异，分别发展不同性格的计划，书院多元的取向与努力，显然有助于中文大学全面的发展。弗莱克斯纳曾探寻牛津、剑桥成功的神秘之钥，他发现两所大学中书院林立，各具面目；贝利奥尔（Balliol）自是贝利奥尔，莫德林（Magdalen）自是莫德林，三一（Trinity）就是三一，凯斯（Caius）就是凯斯，不同书院间彼此友好的竞赛与观摩正激发了学术知识多彩多姿的卓越表现。

中文大学自始以建立卓越的境界自相期许，新亚为中文大学之一分子，创办以来，亦莫不以卓越之追求为目标。钱宾四先生在一无凭借、颠沛困顿之际，且有拿五百年的时间和耶鲁大学竞赛的豪语。新亚的后之来者，自亦不甘自弃；"路遥遥，无止境"的校歌，正激励了新亚人向上向前的毅力与勇气。但我们深知，要使新亚理想落实，要使新亚成为卓越的书院，不能不从推动学术文化具体远大的计划着手。

非常幸运，新亚董事会的许多贤达，对新亚的发展一直予以真挚关切的扶持，而社会上像龚雪因先生等更慷慨捐输，使新亚近年能建立"钱宾四先生学术文化讲座"和"龚雪因先生访问学人计划"等，这些计划对于书院的学术文化气候，皆有大助，且已受到海内外的注目与重视。当然，今天中文大学的新亚，在经济上有政府经常性的资助，可说早已享有"免于匮乏的自由"，而学术素质亦有一定的水准。但，我们离卓越的境界仍属遥远，新亚今天最需要的是学术文化基金，用以继续推展多项的特殊性的学术文化计划，俾新亚能渐次地步向卓越之路。

5. 卓越之追求

1980年夏，我应邀到日本筑波大学出席人类价值观的国际会议。以久闻蔡明裕先生从事国际金融事业，声名卓绝，享誉东瀛，且又热心文化教育事业，不遗余力，故极思趁此机会拜访一见，以解慕渴。蔡先生闻悉后，竟不辞劳远，从东京驱车赴筑波接迎，往返费时六小时有多，其谦抑礼让之精神，令人感动。

当晚在东京，我与蔡先生有一次极愉快的谈话，虽然素昧平生，但一见如故。这次谈话，予我印象深刻难忘者，是他对学术文化的广泛兴趣与严肃态度，而最令人鼓舞的则是他对我一些学术教育的构想和设立新亚书院基金的想法的积极反应。返港后，我即根据当时提出的构想，并咨询了院内同仁，草拟了一份具体的计划书，寄去日本。去岁末，蔡先生到美国、瑞士、卢森堡等地视察他所属的国际金融业务，香港也是其中一站。他一抵香港即邀我晤面，并向我表示："赚钱或许不易，但用钱则更难，我看过你的计划，非常赞成，我已准备不久在香港成立明裕文化基金会，本诸取之社会、用之社会的原则。我决定捐出美金一百万，作为基金，每年以其孳息赞助推动新亚书院的学术文化计划。"

蔡明裕先生是国际商业界的一位卓越之士，而在学术文化事业上，他的贡献也一样卓越不群。早在二十年前，他就在台北与东京两地设立"明裕文化基金"，资助推展教育与文化事业，同时，在日本还设立"明裕国际图书馆"，广集专门图书资料，供学人学子使用，设想新颖，用意深远，素为学术教育界所称道。现在，他又在香港设立"明裕文化基金"，并对新亚鼎力支持，显示他对学术文化的热心与关怀，不限于一国一地，而是国际性的。诚然，学术是没有国界的，大学之为大学即具有一种世界的精神。蔡先生对学术文化，特别是对大学的支持，正是他的企业之国际化精神在文化学术上的另一种表现。

新亚书院三十三年来，得道多助，增长不息，现在，蔡先生为新亚书院设立 100 万美元的基金，将使新亚在现有的基础上，更有可能从事多项的学术文化计划，更有机会向卓越之境趋进。在"卓越之追求"的历程中，蔡明裕先生将受到新亚人衷心的感念。

1982 年 3 月

成立"钱宾四先生学术文化讲座"

——并迎钱先生返新亚讲学

1

新亚书院的创建是基于几个读书人的一个理想和信念。这个理想和信念就是要承继中华传统、创新中国文化。二十九年前（1949）诞生之时，新亚的经济物质条件是极端地贫缺的，但由于这一理想和信念的推动，新亚的创办人钱宾四、唐君毅、张丕介诸先生和先驱者却在"手空空，无一物"的情形下，兴发"千斤担子两肩挑"的豪情。

二十九年来，新亚历经多次人事的递嬗、制度的变革，出现了几个阶段的发展形态。每个阶段的发展形态尽有不同，但对于新亚原初的理想与信念之向往则并无二致。今日，新亚成为中文大学有机的组成部分，坐落在山严海深、地厚天高的马料水之山巅，从历史的发展看，新亚又进入另一个阶段了。在现阶段的新亚，我们自不能停留在过去，但我们相信新亚是发展的新亚，必也是历史的新亚。我们从历史中来，也向历史中去。我们珍爱新亚的历史，并且特别企慕新亚创始的文化理想与信念。

2

新亚作为中文大学成员书院之一，自与她的姊妹书院一样，担负大学共同的教育使命。但亦与她的姊妹书院一样，应继续发展其个别的传统，建立其个别的风格与面貌。新亚今后的发展，途有多趋，但归根结底，总以激扬学术风气、培养文化风格为首要。因此，我们决意推动一些长期性的学术文化计划，其中以设立与中国文化特别有关之"学术讲座"为重要目标。也以此，我们发起"新亚学术基金"之筹募运动。关于此，我曾于去年（1977）11月提出这样的构想：

> "新亚学术讲座"拟设为一永久之制度。此讲座由"新亚学术基金"专款设立，每年用其孳息邀请中外杰出学人来院作一系列之公开演讲，为期二周至一个月，年复一年，赓续无断，与新亚同寿。"学术讲座"主要之意

义有四：在此"讲座"制度下，每年有杰出之学人川流来书院讲学，不但可扩大同学之视野，本院同仁亦得与世界各地学人切磋学问，析理辩难，交流无碍，以发扬学术之世界精神。此其一。讲座之讲者固为学有专精之学人，但讲座之论题则尽量求其契扣关乎学术文化、社会、人生根源之大问题，超越专业学科之狭隘界限，深入浅出。此不但可触引广泛之回应，更可丰富新亚通识教育之内涵。此其二。讲座采公开演讲方式，对外界开放。我人相信大学应与现实世界保有一距离，以维护大学追求真理之客观精神；但距离非隔离，学术亦正用以济世。讲座之向外开放，要在增加大学与社会之联系与感通。此其三。讲座之系列演讲，当予以整理出版，以广流传，并尽可能以中英文出版，盖所以沟通中西文化，增加中外学人意见之交流也。此其四。

在理想上说，我们当然希望可以设立多个学术讲座，但衡情量力，非一蹴可及，所以，我们决定先以港币40万元成立"钱宾四先生学术文化讲座"。我们所以首先设立"钱宾四先生学术文化讲座"，其理甚明。宾四先生为新亚创办人，一也；宾四先生为成就卓越之学人，二也。新亚对宾四先生创校之功德及学术之贡献有最深之感念，所以，我们用钱宾四先生之名以名第一个学术讲座。当我们宣布筹设"钱宾四先生学术文化讲座"之计划时，立即受到新亚师生、校友以及大学内外友好的热烈反应与支持，而本院许多校董先生更热心支持，慷慨解囊。最难得的是本港商界两位隐名人士得悉此讲座计划，即凑出讲座所需之数，使讲座得以提前一年开始。这种种反应实在是很令人鼓舞的，更高兴的是我们又获得钱先生的首肯，接受我们的邀请担任讲座的首讲者，钱先生为第一位讲者，无疑使此讲座大为出色，而且更赋予讲座一特别的意义。

3

钱宾四先生，不但创建了新亚书院，而且担任了十五年的院长，在新亚开创阶段，艰难万状，1956 年 8 月 1 日钱先生在《新亚书院概况》序中有这样一段话：

> 新亚书院之创始，最先并无丝毫经济的凭借，只由几位创始人，各自捐出少数所得，临时租得几间课室，在夜间上课而开始，其先是教师没有薪给，学生无力缴纳学费，学校内部，没有一个事务员和校役，一切全由

师生共同义务合作来维持。直到今天，已经过了六年时期，依照目前实况，学生照章缴纳学费者，仍只占全校学生总额百分之三十，学校一切职务，仍由师生分别担负，全校仍然没有一个校役。

在他主持新亚这些年头，钱先生说他是以曾文正"扎硬寨，打死仗"这两句话来打熬的。的确，当时的艰苦，书院随时可以遇到绝机，但他常说："只要新亚能不关门，我必然奋斗下去，待新亚略具基础，那时才有我其他想法之自由。"新亚在钱先生与师生的努力下，克服无数难关，渐渐得到了外界的欣赏与承认。1953年，雅礼协会代表卢鼎教授来远东考察，对新亚的理想与奋斗，表示敬意与同情，并于次年，正式与新亚合作，开始了新亚的新里程。1959年起，香港政府也开始直接资助新亚。1963年10月17日，香港的第二所大学，香港中文大学在社会各界的要求下正式成立。新亚与崇基、联合两书院一起参加中文大学并成为大学的三个基本成员书院。这是新亚发展史上的另一个里程碑，也是香港高等教育史上的一个里程碑；这时，新亚才有了一个长久垂远的基础。而也就在这个时候，钱先生内心已决定要辞去院长的职务了。

4

钱先生辞职的理由，有的"关涉到现实俗世界方面的"，但也有是关于"理想真世界"的。他在现实世界完成了创办新亚的事业之后，他就决定回复自我，还归真我的面目。他说：

> 人生有两个世界，一是现实的俗世界，一是理想的真世界。此两世界该同等重视。我们该在此现实俗世界中建立起一个理想的真世界。我们却是现世界中之俗人，但亦须同时成为一理想世界中之真人。

当新亚在困境时，他从未轻言辞职，待新亚有了基础时，他就决定引退了。那时钱先生是七十岁，已逾了退休年龄，但他的精力绝不需退休，他的经济亦不可能退休。可是，他的辞意是坚定的。他根本就没有计划到此后个人的生活。他在一篇有关他辞职的演讲中，讲到一个关于寺僧的故事。这个故事是讲广东的虚云和尚，他说：

> 我在几年前读虚云和尚年谱，在他已跻七十八高龄之后，他每每到了一处，筚路蓝缕，创新一寺，但到此

寺兴建完成，他却翩然离去，另到别一处，筚路蓝缕，又从新来建一寺，但他又翩然离去了。如此一处又一处，经他手，不知兴建了几多寺。我在此一节上，十分欣赏他；至少他具有一种为而不有的精神。他到老矍铄，逾百龄而不衰。我常想，人应该不断有新刺戟，才会不断有新精力使他不断走上新的道路，能再创造新生命。

熟知钱先生与新亚的人，当会同意这则寓意深长的故事最形象化地刻画了钱先生与新亚的关系。他筚路蓝缕，创建新亚，新亚既已办好，他就翩然离去了。这正是他"为而不有"的精神。他离开新亚后，并没有再去创一新亚，但他却完成了跟创一新亚同样有价值的工作，他在离开新亚后几年内完成了五大册的《朱子新学案》。我常觉得钱先生做人做事做学问，总是那么执着，却又是那么灵空，择善而固执是豪杰。"为而不有"的灵空则更是真人了。

5

钱宾四先生已八十四高龄，且困于黄斑变性症眼疾，不良于行，然先生犹肯越洋来新亚作一系列之学术演讲，此可见先生对新亚之深情厚谊，至老弥增。而先生之因讲座来，更可见先生对新亚学术文化生命之重视，固无异于其创校初始时也。讲到这里，我们应该特别指出，钱先生此次之能越洋返校讲学，实大有赖钱夫人胡美琦女士的专心照顾。原来，我们是很想请一位同仁去迎接钱先生的，但钱先生在信中，在长途电话中都坚决表示，由其夫人陪同即足。事实上，这许多年来，钱先生从日常起居到书函著作，无一不靠钱夫人的悉心照应。自与钱先生结缡以来，钱夫人无一日忘记自己学问之研究，今年且完成《中国教育史》一书。同时，更无一刻疏于对钱先生的侍候；钱夫人实在是一位难有的奇女子，这是我们在欢迎钱先生时不能不说的。

最后，我想再讲一件极有意义的事情。现在，钱先生不但来新亚讲学了，而且他与夫人还带来了《朱子新学案》的原稿，送给中文大学新亚的"钱穆图书馆"展藏。钱先生十四年前于辞职演讲时，曾表示将来他会抱着研究朱子的书稿回新亚来。现在，他果然实现他的许诺了。我们认为这是一份无比珍贵的礼物。这份礼物的意义是学术性的，也是历史性的。我们相信一所学府，贵能垂之久远；要垂之久远，则必须以制度为重，庶不致人在事举，人去事息。但一所伟人的学府，则在制度外，还需靠人物赋予风格与精神；而最能传人物之风格与精神者则莫如其书稿。我们能得到钱宾四先生的书稿，则五百年后新亚的后之来者，亦得于摩挲手稿之余，想见创校者一番创校之苦心与理想，而有所奋发，而兴见贤思齐之心，岂不美哉？这是我们在欢迎钱先生时又不能不特别一说的。

1978 年 10 月 2 日

科学、社会与人文
—— 记与李约瑟先生的一次谈话

楔　子

去年（1979）10月，香港中文大学新亚书院邀请剑桥大学的李约瑟（Joseph Needham）博士担任第二届"钱宾四先生学术文化讲座"的讲者，为期一月。他以"传统中国的科学：一个比较观点"为题，做了五次演讲。李约瑟先生是科学史的巨擘，尤精于中国古代科学史。他的一系列演讲是他当行本色，极是精彩，所以受到很大的欢迎与赞赏是意料中事。李约瑟先生新亚讲学自是香港文化界一大事，而最可一记的是10月11日晚新亚在"云起轩"为钱宾四先生与李约瑟先生所设的宴会。这二位东西学人彼此心仪已久，但那天晚上却是第一次会面，真可说是一次"东西方之会遇"。席间，钱宾四先生指出，李约瑟先生的研究工作不只是科学的，也是哲学的、历史的，总括的说是文化的。他说李约瑟先生从事中国科技史的研究，具有真正比较文化的头脑与心态，所以才能对中国文化有真发现、真成绩。钱先生认为他的学术成就犹在汤因比之上而无不及。李约瑟博士听了钱先生这番美言，连说不敢当、不敢当。他表示钱宾四先生的学术代表了中国文化中优美的独特的传统，他在《中国科技史》中许多地方引用了钱先生的著作，并特别指出，这次他被邀担任第一位"非钱宾四"的"钱宾四先生学术文化讲座"的讲者感到莫大光荣（讲座第一位讲者是钱宾四先生本人）。这晚，钱先生与李约瑟先生的简短"对话"是令人回味难忘的。

毫无疑问，李约瑟先生的巨著《中国科学技术史》不但是对中国文化的一项无比重要的礼物，使世界学术界对中国文化有了一更全面的理解与欣赏，并且在比较科技史的研究上开辟了疆域与视野。许多科学史家都认为李约瑟博士是对科学史这门学问的新观点、新方向之形塑有最卓越贡献的学人。M. Teich 和 Robert Young 所编《科学史的新观点》（*Changing Perspectives in the History of Science*，London：Heinemann，1973）一书，就是英、美、法、德、意、丹麦、印度各国科学史著名学者为表示对李约瑟的尊敬而为他七十岁生日（1970）

所撰写的论文集。

李约瑟先生自40年代开始即"爱恋"（他自己说 fall in love）中国文化，并一往情深，而迄今热情有增无减。当他在新亚讲学时期，他对中国人、中国事物那种发于内心自然流露的善意、喜爱与尊重，实在是一般西方学人中极端鲜有的。至于李约瑟博士在谈到与他合作最密切的几位中国学人时，像这次与他同来新亚的鲁桂珍博士、做客港大的何丙郁博士，以及我最近在澳洲堪培拉见到的王铃博士，他总是带着无比亲切和推崇的语调。诚然，李约瑟博士近半个世纪来为宣扬中国文化与智慧时，几乎是带有宗教性的虔诚的。他对中国文化的态度也许"比中国人还中国"。有些西方学者认为他太偏袒中国文化以致失去客观性。与他相交六十年的亨利·霍洛伦肖（Henry Holorenshaw）*说，他相信李约瑟先生或不会完全否认他对中国文化的赞美有时会有稍稍过头的地方，但是由于中国文化，特别是科技方面的成就，一直以来为西方人所漠视，因此，为了还中国文化一个公道，赞美过头一点点，也是不为过的，至少李约瑟先生会觉得心安理得。总之，李约瑟先生是一位相信天下一家的科学人文主义者。17世纪以来西方站在科

---

* 此为李约瑟笔名，文章为夫子自道。——编者按

技上取得的独尊地位，使西方产生一种不自觉的骄傲。李约瑟先生的研究就正在破西方骄傲的根源，也即在科技上证明传统中国文化的优异性与优先性。他曾表示，许多证明中国在科技史上领先于西方的研究伤害到了西方人的骄傲。但是，他认为西方人的骄傲感是不必要的，与人类的爱和友谊比较起来，骄傲是样微不足道的东西。

对这样一位中国文化的友人，我们不可能不生一份好感与敬意。他在新亚讲学的这段日子里，见面机会较多，对他有较深入的认识。李约瑟先生是一个有多方面兴趣与才能的人；他不只是一位生化学者或一科学史家；他对哲学、社会学、文学都有很好的修养。基本上，他的性格是很羞怯的，但在谈到学术上的问题时，他就兴致勃勃，议论横生。识得李约瑟博士的人，都知道他是极端珍惜时间的人，在新亚讲学期间，他一直都在为每次讲演做最后的修正。因此，我不愿特地去找他闲谈，尽管我知道一般剑桥人是喜欢也善于谈天说地的。直到他在新亚讲学结束，离开新亚的前夕（10月4日），我才约好在他做客的中文大学八苑教师宿舍里，进行了三个多小时的访问谈话。这个访问差不多从晚上8时谈到午夜。录音的工作是陈焕贤女士负责的，部分的记录也是由她做的。在座的还有鲁桂珍博士。整个访问是在不拘形式的情形下进行的。好几次，李约瑟先生自己进厨房去煮茶。也有好几次，他中断谈话倾听从海边驰过的火车声。他自称是一个"火车迷"。

李约瑟先生显然因讲座已圆满结束，心情特别轻松，很乐意多谈谈。因此，我们谈得很多，有些是我预先想好的话题，有些则是当时随加上去的，所以谈是谈得很愉快，但也比较没有系统。我表示将来整理发表时不会全照录音，同时也会利用一些他已发表过的文字，等写好后，会寄给他们过目。李约瑟先生与鲁桂珍博士认为不需过目，要我"全权处理"，不过，他们很希望发表后，快点寄一份给他们。他们返剑桥后，就寄来一些与我们谈话有关的文字和资料。因此，这篇记录是我"全权处理"的，它是根据录音和参考李约瑟先生寄来的文字与资料整理成的。当然，任何讹误的地方，也由我"全权负责"。这个访问谈话已有三个月，但一直没有时间整理，直到最近才动笔，这是我应该向这位具有"中国心"的异国前辈学人李约瑟先生致歉的。

1. 醉心于极端神秘主义的道家

金耀基：您的中文姓"李"，您的号是"丹耀"，还有其他名字，如"十宿道人""胜冗子"，都带有浓厚的道家的气味。从霍洛伦肖先生的文章，更知道您自称为"荣誉的道家"

（honorary Taoist）。这一切是不是代表了您对道家的爱好与认同呢？如是的话，您为什么会那样醉心于道家呢？

李约瑟： 呵，一点不错，我的中文姓李，是认同于道家的开山宗师李耳的，其他中文名确是有道家味的。"丹耀"与道家的炼丹术有关系；"十宿道人"更明显，"十宿"二字则是我的 Joseph 一字最早的中文译法。至于"胜冗子"，则是指"去冗""克冗"之意，亦即摧陷廓清、直探现象之"事实"的用意。

我之喜欢道家，最基本的原因是：道家是纯中国的。儒家当然是纯中国的，但在宗教中，道家才是本土产生的。它不像佛教是从印度进入中国的，也不像基督教源于中东。至于我之特别醉心于道家，实是因为我觉得道家最有趣、最有意思，特别是道家许多基本观念与中国早期科学的发展最有关系。在研究中国科技史的过程中，我发现凡是与中国科学与技术有关的东西，一定会同时发现有道家的思想、道家的迹印在。

此外，我个人在中国旅行时有几次经验。1942 年，我到中国访问，在昆明的北平研究院，几位中国朋友，包括李书华先生，他是著名的学者，带我到西山，我见到建于悬崖绝峰上的三清观，俯视昆明湖，景色无边。我问他们三清观的意义和历史等，奇怪得很，他们虽为饱学之士，对道教也不敌视，但却毫无兴趣，所知也极有限。而这次经验则激起我莫大兴趣。另一次，记得是在四川与陕西间，当时寄宿在途中旅社，附近山头有一美丽的道观。是夜，月华如洗，像今晚一样，这个道观显得特别清幽，令人遐思不已。这类经验都使我对道家特别感到一种精神上的契合。后来，在成都，一次听到冯芝生（冯友兰）先生在演讲中说："道家是一种极端神秘主义的思想体系，但却是不反科学的。"他的话显然给我很深的启发与好奇。以后，我们（我说我们是指鲁桂珍等一些志同道合的人）的研究也在在显示道家思想之"不反科学"的精神素质。

金耀基：您的《中国科学技术史》可说决定性地摧毁了中国过去没有科学与技术的观念与论断。在这方面，您的工作是有永久价值的，它们在世界科技史上应占一显要的地位。

我所感兴趣的是，究竟是哪些因素或因缘使得您去怀疑上面提到的为无数中西学者所深信不疑的错误观念与论断？您曾说过，在起初，您想探寻传统中国的科学的兴趣与好奇心，当时似乎也没有受到您剑桥大学同事们的鼓励。对了，据我所知，当您对中国文化发生兴趣时，您在生化学上已经是有卓越成就的学者，并当选为皇家学会的会员了，您怎会由一科学家转变为一科学史家，甚至汉学家呢？这不能不说是一个大转变呵！

2. 因缘于"道"的悟觉而发现中国文化的大金矿

李约瑟: 是的, 1941 年时, 我已经在生化学上度过了二十五年的实验室生活。我也写过颇有原创性的书, 包括 *Chemical Embryology*（3 Vols, Cambridge University Press, 1931）和 *Biochemistry and Morphogenesis*（Cambridge University Press, 1942）。在一般情形, 一个入选皇家学会的学者, 大概会在他选定的学术领域中, 继续做下去, 成为终身职业。我想, 我之会改变终身的学术生涯, 应该说是与桂珍他们有关的。1937 年鲁桂珍与几位中国年轻人来剑桥读书, 使我接触到了当时对我仍是陌生但充满新奇与好感的中国文化。这一件事对我的改变是非常根本的。回想起来, 真好像是命运的安排, 或是"道"的悟觉吧。总之, 这是一种因缘。

至于我为何会怀疑到中国文化中会有科学与技术的金矿, 则很难说。我想这与桂珍的父亲鲁茂庭先生的启发是有关的。他对子女的教育是同样看重中西的传统的。他说中国过去的医学医术不同于西方, 但绝对是"有道理的"（made sense）。当时, 西方人仍怀有维多利亚时代那种观念, 认为中国医学医术是奇怪的, 没有什么道理的。鲁茂庭先生则不以为然。我们以后的研究证明他是对的。我们的《中国科学技术史》第一册就是献给鲁茂庭先生的。这表示我对他的感谢与敬意。说到我怎会怀疑无数中西学者对中国科技的论断；或者说我怎会知道中国文化中有这么一座大金矿，老实说，我开始也没有那么样怀疑或那么样的自信。原先，我只是计划写一本小书，根本未想到会演变成二十大册的大书，而且成为我们（他又强调我们）的终身事业。

假如说有一个使我产生怀疑的具体的念头的，恐怕还是桂珍那批中国朋友。他们来到剑桥，在 Molteno 实验室中的表现，一点也不输给我们。因此，我就有一念头——中国人有这样的科学智慧与表现，中国文化中怎会没有科学与技术？说实话，问我当时是否知道中国文化中的科学技术是一待采的金矿，我真不知道。真的，我不知道。譬如说，那时候，我们根本不知道中国有比西方早出六个世纪的伟大天文钟。

金耀基：让我回到道家这个问题上。照您的看法，道家在中国的科学思想与观念的发展上占一中心位置。换个说法，您似乎在假设道家的思想体系构成了传统中国科技发展的知识性的动力。假如我的了解不算错，那么，我要问，这个看法是您研究道家思想的内在结构所得的论断，还是在您广泛深入研究传统中国科技的发明后，再追索出来的理论根源呢？同时，您当然不会不注意到道家哲学与道教的不同，您对道教似乎有很大的好感。

3. 中国人把天、地、人看作三位一体，是处于一种和谐的秩序之中

李约瑟：不错，我们认为道家思想是传统中国的科技发展的重要的源头活水。在我们写《中国科学技术史》第二期时，就讨论到中国古典的各派思想。我们在有系统地研究道家的思想后，我们的信心坚定了。

不错，道家后来演出了道教，但这一点也不困惑我。我是一从事科学的人，但也是一教徒。我相信宗教是人类多种"经验形式"中的一种（one form of human experience），像科学也是人类经验的一种形式一样，都各有本身的价值。前些天，有一位神学院的先生问我，神学院应否开设讨论道教的课。我的看法是：我们通常所说的道教，实在是对一具有广涵复杂的现象之指称，其中一边有迷信的成分，另一边又有哲学的成分，在二者之间，则有真正的宗教成分。

金耀基：道家思想在中国无论于社会人生、政治，特别是艺术文学方面都有重大深远的影响。道家的宇宙观是顺乎自然，讲"无为"。因此，许多学者都认为道家对自然是采取一种顺服的态度，与西方希伯来传统对自然采取一主宰控御的态度迥异其趣。在对自然的态度上，道家思想与中国其他各家思想（也许荀子的部分的戡天主义的色彩是例外）基本上并无大异。但有些学者认为这是有碍于科学发展的，而您显然不同意这种看法，您是否可谈谈呢？

李约瑟：中国文化中并没有一个创造主的神学思想体系。中国的思想家，基本上不相信一个上帝指导宇宙的看法。中国人所讲的天，或道，实际上是一种"宇宙秩序"。道（或天道）可译为"自然的秩序"。中国思想，特别是道家思想所讲的"无为"，并非说什么都不做，它主要是指顺乎自然，不违逆自然法则之意。儒家的孟子中，宋人揠苗助长的笑话是大家知道的。它不是对自然的一种消极的顺服态度，而毋宁是一种极深的智慧；一种顺乎自然而善用之的智慧。培根所说的"只有服从自然，才能擒服自然"是最近乎道家之真义的。诺思罗普（F. S. Northrop）以中国人对自然是一"美艺的"（aesthetic）态度，而欧洲则是一"科学的"态度，这一说法是有问题的。果如是，则中国过去的种种科技发明将不可理解。其实，中西对自然态度之别绝不在科学与非科学。道家与其他中国思想的确不像西方基督教思想是以胜利者姿态对待自然的。诚如怀特（Lynn White）、波利斯（Marco Pollis）等人的研究指出，西方人有一种"反自然"的偏见，对自然有一种绝对占有与破坏的心态。反之，在中国思想中，人的地位是被肯定的；人是人，但人并非高高在自然之上。事实上，中国人把天、地、人看作三位一体，是处于一种和谐的秩序之中。诚然，今日西方科技的发展是惊人的，但却也产生了破坏生态均衡的危机，基本上是由于西方思想对自然的征服态度有问题。

金耀基：德人韦伯在《中国的宗教》一书中，认为中国并无自然科学，这看法当然非他所特有，这与当时他所能掌握的有限资料有关，而他这个看法当然不能再成立了。但是，我对他的一个重要论说，即禁欲式的基督教伦理与西方资本主义及科学的产生有重要关系的看法，有极大兴趣。一位著名的美国社会学者默顿（R. Merton）曾追随韦伯思想的踪影，写了一本书——《17 世纪英格兰的科学、技术与社会》(*Science, Technology and Society in Seventeenth Century England*)。默顿收集了丰富的经验性资料，有力地显示清教的价值体系对 17 世纪英国科技的突飞猛进"无意地"（unintendedly）有重大贡献。我说"无意地"，因为默顿的分析是落在"制度的"层次，而非"动机的"层次上的。诚然，禁欲的基督教伦理与道家思想极为不同。不过，我总觉得韦伯、默顿所论的清教教义与您所论的道家思想，在对中西的科技发展的作用上颇有近似之处。我是说，基督教伦理与道家思想对于欧洲与中国的科技的发展来说，是一种"无意的结果",不知您以为如何?

4. 中国过去的科学家具有道家哲学的倾向是可能的,却很少是信仰道教的

李约瑟:我大致可以同意。当然,你清楚,对于韦伯、默顿的论点有人是提出批评与反对的意见的。我个人很欣赏他们二人的论著。但我想指出,在17世纪,宗教改革、资本主义以及现代科学是三者同时产生的,三者的关系相当复杂,很难分得开。这方面恐怕还难有绝对的定案。

金耀基:默顿的研究收集了有关17世纪英国科学家的信仰的资料,他发现他们多数是清教徒。1663年,皇家学会成立那年,在68个会员中有42人是清教徒。他更指出,不只在英国,即在欧陆的科学家也多数是清教徒。

我不知古代中国科学家是否也多数具有道家哲学的倾向?据您研究,传统中国有类似皇家学会那种"无形学院"(invisible college)吗?这种"无形学院"显然对科学的推展厥功甚伟。

李约瑟:没有(指"无形学院")。说到中国过去科学家的思想信仰,不久前在瑞士举行了一个专门讨论道家的世界性会议。会中,席文(Nathan Sivin)博士提出一篇很长很重要

的论文。据他在中国科学家的自传的研究中发现，一般说，他们对道家思想都有认识，但却很少是道士。我是他论文的评述人，我当时指出，我不信也不以为他们会是道士，但我相信道家思想是一普遍流行而有影响的观念系统。中国过去的科学家，他们具有道家的哲学的倾向是可能的。就宗教来说，中国科学家，像一般的知识分子一样，很少是信仰道教的。

金耀基：您的研究清楚有力地证明在 17 世纪前，中国在科技上比欧洲遥遥领先。但是，自那时起，西方发生科学革命，技术起飞，中国反而大大相形见绌（用您的话，欧洲能够决定性地跨越"中世纪科学"与"现代科学"的界线，而中国则不能），几被误认为一个没有科技成就的文化。作为一科学史家，一个最令人迷惑而不能放过的问题一定是：为什么科学革命发生在欧洲而不在中国？我知您对此问题已思考了好多年，并且已提出一些答案或否定了一些可能的假设。事实上，在您这次"钱宾四先生学术文化讲座"中，您的第四讲"中西对'时'与'变'的态度之比较"就辩称中国人对时与变的态度基本上与犹太基督教并无大别。因此，这个思想性的因素就不能用来解释为什么科学革命发生在欧洲而不发生在中国，是不是？

李约瑟：是的，绝对的。

金耀基：在 1935 年，您发表了一篇论文 "Limiting

Factors in the Advancement of Science Observed in the History of Embryology"。在那篇论文中，您指出，用"动机"（motive）作为科学发展的分析的焦点足以模糊我们的眼光，无法认识社会与经济对科学的影响。上面已提到，您认为思想性或知识性的因素（包括信仰、迷思等）在传统中国并不构成科技发展的阻力。这些在在都显示您不是属于所谓"内在派"（internalist）的历史学者，而是属于"外在派"（externalist）的历史学者；也即您对科技的发展形态的原因，不从科学思想的内在结构中去寻找，而从外在的，例如社会与经济的因素去探讨。这一立场更接近"科学社会学"或"知识社会学"的立场，您同意吗？

5. 中国不能从"中世纪科学"跨进"现代科学"的门槛，主要缘于社会政治的结构

李约瑟：呵，是的，绝对的。我们曾彻底检讨"内在派"或"外在派"的历史学观点。我们的结论是：内在派的科学史学观点是不能令人满意地解释中西之不同的，也无法解释中国与印度的不同的。总之，单单用哲学思想的因素是无法为中西科学发展之不同提出圆满的答案的。我们必须再看社会的结构、经济因素等。

金耀基：虽然不是您的最后定见，您似乎相当肯定，中国之不能产生如 17 世纪欧洲的科学的飞跃或革命（或者说从"中世纪科学"跨进"现代科学"的门槛），是缘于中国的社会政治结构，即您所说的"封建官僚主义"（feudal bureaucratism）。我个人并不以为从秦帝国之后，中国再是一封建社会。尽管我可以同意秦以后的中国社会并不完全缺少封建性的质素。但主要地，中国是一官僚的帝国系统，它有一全国性的以才能为甄拔标准的文官系统，社会的流动度（上升或下沉）是很大的。假如如您所说，中国是一"封建官僚主义"（我个人不愿意把 bureaucratism 译为"官僚主义"，而照韦伯的原意，译为"科层主义"。我有一文讨论及此），那么，究竟"封建性因素"浓呢，还是"官僚主义因素"浓呢？

李约瑟：这是非常重要的问题。实际上，秦以后的中国究竟用什么名词来称呼恰当，大家都不能一致。我同意，秦以后中国的官僚主义的色彩是很显著的，它的文官制度是极透剔而有力的。同时，我要指出，中国的封建官僚主义社会是极不同于欧洲的封建社会的。在后者，是一种军事的贵族的封建主义，骤看起来很有力量，实际上很脆弱，根本上还抵挡不住新兴的商人集团。商人甚至于可以把他们收买。再说，欧洲有城邦（polis），中国则无。中国是大一统国家，官僚体系控制社会无疑。在中国，军人一直在文官之下。当然，在乱世又不同。在中国，商人的地位也是受歧视的。他们的力量与地位不能与欧洲的相提并论。

金耀基：在这里，我想插一句，商人或军人在中国社会的地位与作用恐怕是一个还没有完全定案的题目；不过，有一个似乎是可以肯定的，在传统中国，商人与军人虽不及在欧洲重要，但他们也不是那么低微或无足轻重，许多研究都证明了。说到这里，我想起一位社会学家瑟伊贝尔（G. Söiberg）曾提出一个"矛盾的功能需要"的概念。这个概念很可用来帮我们对传统商人与军人的角色有所思考。譬如比较地说，商人在儒家的文化价值与逻辑中是不受重视的，商民位于四民之末，而历代具有儒家性格的法律对商人也有歧视的规定，故商人在文化主流思想上向来是受轻忽的。但事实上呢？由于商人在社会上的功能是通有无，是提供士绅生活的物质条件，是国家重要的税源，因此，商人的存在构成社会的"矛盾的功能需要"，扮演很重要的角色。这至少可以部分解释中国商人在实际上的地位并不低微，且往往十分有力的原因。军人的情形也是一样。一方面，中国轻兵，有"好男不当兵"的观念，但另一方面，军人却在社会上有御敌保社稷的功能。因此，在文化观念上，轻兵虽轻兵，但军人的地位却很崇隆的。当然，最重要的，我们还要弄清楚，商人只是一种行业，但在商的一行业中，有巨商与小贩之分，他们的地位是有天壤之别的，此于分析军人时亦然。

好了，让我再回到刚才的题目上去，您把科学发展的主要因素归之于外在于思想系统或价值系统的社会经济因素。我想，您是指"主要因素"，而非唯一因素。您不会排除思想或价值系统本身的作用吧！

李约瑟：当然，我们只觉得单从科学或其他的思想系统来解释科学与技术的发展是不能完整的。

金耀基：事实上，科技是人类文化活动的一种，它们不是独立的，也即与其他人类活动不能隔绝来看的。"科学社会学"基本上就是研究科学与社会之间互相影响的关系。科学与技术对社会的影响，剑桥的罗素以及当代有许多人，都已关注及此，并感到忧虑……

李约瑟：是的，60年代西方就因为科技造成的实际灾害或巨大阴影，而激起了"反科学运动"。

金耀基：我想您说的"反科学运动"是指反"科学主义"（scientism），而非一些基于政治或宗教狂热的反智运动！好像中国的"文化大革命"！

李约瑟：不错。"四人帮"基本上是反智的（anti-

intellectual）、反学术的、反知识的，本身是非理性的。我说的
"反科学运动"，它最深的意义就是您说的"反科学主义"，那
是一种对科学主义的一种反响与批判。

金耀基：讲到"反科学主义"，我想，这是很重要的哲学
性与思想性的运动。

李约瑟：是的。

金耀基：您是否曾经写过一篇文章，好像很同情"反科
学主义"的批判，同时，又为"科学"辩护。当然，坚信科学
的价值与"反科学主义"是并不冲突的立场。

6. 相信中国的"有机哲学"可以药救西方"科学主义"的弊端

李约瑟：是的，我曾写过一篇论文，题目是"历史与对
人的估价：中国人的世界科学技术观"（"History and Human
Values：A Chinese Perspective for World Science and Technology"），
讨论这方面的问题。

思想界与学术界所出现的"反科学主义运动"是60年
代末期的一个重要的文化现象。这个运动中特别是年轻人对
科学产生一种疏离与反感，因为他们觉得现代科学对社会具
有罪恶、专横与非人性的结果。T. Roszak 的 *The Making of a*

Counter Culture 及 *Where the Wasteland Ends* 二书就代表了这种思想。不过，他们之反科学的观点并不停留于指责误用、乱用技术之恶果上，他们的批评要深入得多。他们批评"客观意识的迷思"（myth of objective consciousness），他们抨击把观察者与外在的自然现象断然割开的"疏离的二分化"。他们指出科学的世界观的垄断性，足以造成"文化的科学化"（scientization of culture），最后不是造福人群，而是奴役人类。我个人认为"反科学"运动的真正意义应该在于：科学不应该被视为是唯一有效的人类"经验形式"（参前）。把科学的真理看作是唯一可以了解世界的观念，实在是欧洲文化的疾病。这也就是"科学主义"的疾病。人类经验形式是多元的，科学只是一种，其他还有宗教、美学、哲学、历史等，都各有其价值的。以科学的观点为认知世界唯一有效的观点，使西方走上机械的唯物主义和科学主义之窄巷，这是我所不能接受的。不过，我们也应了解，科学使人类摆脱恐惧、禁忌和迷信。我们可以反科学主义，但不能反科学，我们不能重回到前科学期的无知状态去。我要再强调，对科学是不必诅咒的，问题是我们应知科学的有限性，人类的乐土是不能单靠科学去赢得的。

金耀基：我很同意您对"科学主义"的保留与批评。这种以科学方法为理解宇宙的唯一有效的途径的信念，显然是西方自文艺复兴以来越来越有力的思想模态。这是一种科学的宇宙观，它取代了中世纪的神学的宇宙观。科学的宇宙观可以说是在伽利略手中发展出来的。他的名言是：自然乃一本用三角形、圆圈与方形等为语言写成的书。他相信所谓"第一性"（primary qualities）的东西才能用数学加以表达的，才是客观而绝对真实的。这种科学宇宙观如限用于自然世界，或不为过，但如适用到人事界，就不无问题了。

李约瑟：自伽利略以来，"第二性"（secondary qualities）的东西即在科学解释中都被压制了。现代化学就有一种信念，即生命的现象可以由原子与分子或更小的元素来解释的。这显然是一种"减约主义"（reductionism），这就是为什么我相信中国的"有机哲学"可以药救西方的"科学主义"之弊端。中国的阴阳观从不会走到"减约主义"上去，因为阴阳是永远相济相生的。在中国，从没有像在欧洲一样，把世界截分为精神与物质。从我们研究中国科学史的发现中，中国科学家并不在物质与精神间划一尖锐的界线，这无疑是与中国的有机哲学观一致的。

7. 需要一种"范典"把传统中国的医学归入现代医学

金耀基：您说自伽利略以来，第二性的东西在科学解释中都被压制了。实际上，在社会科学中，问题是更严重的。震于自然科学的伟大成就，自19世纪末叶以来，社会科学就走上模仿自然科学的道路；即采用了自然科学的方法来研究社会与文化现象；也即采取了自然主义的观点。因为科学的宇宙观已经不自觉地被视为唯一的有效的宇宙观了，社会科学也很少再去省察其研究对象的特性，而相信自然科学与社会科学的逻辑架构与秩序是无别的。但由于不能决定或无法处理人之第一性的特征（如人之意识、目的性行动等），乃只有把那些可以观察的外表的行为特性作为科学分析的对象了。这就不免常常出现"减约主义"的现象。

到现在为止，社会科学的成就较之自然科学是相形见绌的。许多人认为这是由于社会科学还太"年轻"之故。从而，心理上在期待"社会科学的牛顿"的出现。但有一位剑桥的社会学家说得很妙，他说："那些仍然在等待牛顿来临的人，不但那列车不会到达，他们根本等错了车站。"您对这位剑桥同仁的说法有何评论？

李约瑟：这使我想起一件趣事，有人说达尔文是生物学中的牛顿，但有位朋友说，我们连伽利略都还没有呢！我以为现代科学是有普遍性的，中国的现代科学应该无别于世界其他地区的现代科学。科学方法也是只有一种；在控制实验中只有一种逻辑，数学假设的应用，以及其用统计方法的测验也只有一种。科学的"范典"（paradigm）当然会变，爱因斯坦的世界系统已改变了牛顿的，但这并不因此改变了科学方法的基本性格。我是相信世界科学的，要注意的是：理解事象的科学方法虽只有一种，但这并不表示某些人的经验形式是不可能存在于科学之外的。同时，我相信生命包括不同的经验模态（mode）或形式（form），它们是"不可减约的"（irreducible）。

金耀基：您刚才提到"范典"，我不知库恩（Thomas Kuhn）在其《科学革命的结构》（*The Structure of Scientific Revolutions*）一书中所用"范典"的观念对您研究传统中国的科学发展有无用处？

李约瑟：关于范典改变的问题，我们都考虑过，但库恩的书只讲现代科学，对于古代、中世纪的科学根本未触及。如讲中国科学的范典，则应该从邹衍、阴阳等的思想讲起。

讲到"范典"，我想如何把传统中国的医学归入现代医学中去是很重要的，这需要一"范典"，否则传统中国的医学不易为世界科学界所注意，也很难发生作用。这牵涉很多问题，名词的翻译就是一个。有一位德国学者，把中国二十几种"气"都译为能量（energy），这很使我们担心，因为"能量"是 20 世纪的概念。

金耀基：您的信念，即人类的各种经验形式，如历史、美学、宗教，都有其独立性，都有其价值，而且是不能进行减约的。我很欣赏，也同意这种看法。据我了解，您是英国皇家学会（Royal Society）的会员，那是科学家的学会。同时，您又是英国学术院（British Academy）的会员，那是人文学者的学会。这样，您倒真是兼具科学与人文两种文化的身份，这在学术分化越来越烈的今天是很鲜有的了。

8. 把能否完成中国科技史这件事完全托付给"道"

金耀基：我不知您对剑桥斯诺爵士的颇滋争议的"两个文化"的论点怎么看？

李约瑟：斯诺的说法，诚如你所说，曾引起很大的论争。不过，他的说法是有些道理的，有些人的心灵或兴趣，实在太狭窄。当然，这在科学家与人文学者中都有，科学与人文之间的确出现不可逾越的门墙。在剑桥，我曾遇到过有些人对科学不但无兴趣，而且有一种憎恨。反之，有的科学家对文学也缺少欣赏的心态。

金耀基：您常写诗？

李约瑟：我是写诗的，但大都当我在中国的土地时，才有写诗的冲动。中国的文化土壤对我有一种特有的气氛。

金耀基：在您一生中，您觉得哪些人对您发生过重要的影响？

李约瑟：毫无疑问，我的父亲 Joseph Needham Pére 是一位。他是一个医生，我的科学思考的习惯是在父亲的影响下养成的。第二位应该是 E. W. Barnes。他是一位数学家，也是一位教士，后来成为伯明翰的主教。在我十一岁时，父亲带我听他的讲道，是极有启发性的神学讲演。第三位是我中学的校长 F. W. Sanderson。他是 H. G. Wells 的朋友，他使我对历史与生命产生兴趣与悟契。第四位我要说是 F. G. Hopkins 爵士。从 1920 年到 1942 年，剑桥大学的生化实验室可说是我的家，我由学生而助教，而成为 Sir William Dunn 教授（Reader）都是在 Hopkins 爵士主持的生化系。他是英国的现代生化学之父，曾担任英国皇家学会会长。我的胚胎学研究是有原创性的，也是受到他的鼓励的。我对他有无穷的追忆。第五位我要提的是 Charles Singer，他是科学史家。我曾住在他康韦尔（Cornwell）的家，满室是书，可以尽情浏览。我未听过他正式讲课，但在家常闲居的谈话中，我从他那里得益极多，当时情景，难以忘怀。上面这几位对我一生发生很大的影响。我把他们的名字写给你。

1942 年，我的学术生命史上出现了一个大分界，自此，我的兴趣就转向中国科技史的研究了。当然，桂珍等中国朋友对我都有深远影响，这是大家已经很清楚的了。

金耀基：在您从事中国科技史的研究中，您遭遇到最具挑战性的问题是什么？

李约瑟：应该是我们已谈过的问题，即现代科学为何发生在欧洲，而不是在中国。

金耀基：这是一个老问题；我还是想问，您何时可以完成《中国科学技术史》这部巨著？

李约瑟：我实在不知道；我完全交给"道"。我想，至少再要十年或十五年。不过，有一点是可以肯定的，这个大计划一定可以完成，我也许不能在有生之年亲见它完成，但研究经费已有着落，各个子计划的合作人都已约定了，剑桥大学出版社视此为最重要计划之一，出版也是没有问题的。

中国科技史的撰写计划以外，东亚科学史图书馆的建立也已有具体的眉目了。

9. "东亚科学史图书馆"的建立

金耀基：对了，您能不能谈谈东亚科学史图书馆的构想和计划？

李约瑟：自 1942 年以来，我们从中国与西方搜集了许多科学史的珍贵资料，目前所收中、日的书籍与论文已有 5500 个项目。有些项目包括多至几百乃至 1700 册。西方语文的有 14000 本。这些资料都是有高度选择性的，它们是多年苦心搜集得来。这个图书馆的藏书在西方是独一无二的，在全世界，也只有北京中国科学院的科学图书馆可以比拟。再说，我们的资料是完全依研究题目，而非照语言来分的，因此，特别方便于专家的研究。我们觉得这些珍贵的资料应该有一永久庋藏的处所，以供世界学者研究之用，因为即使《中国科学技术史》完成之后，也只能用去其中一部分的资料。这个永久图书馆的想法已经有了具体的计划。剑桥大学新成立的罗宾逊（Robinson）书院已经在书院西角捐出一块地，以供建馆之用，罗宾逊书院院长刘易斯（J. Lewis）教授对此很热心。（月前刘易斯教授访香港中文大学，他来新亚看我时，特别提到李约瑟博士的图书馆，言谈之间，可以看出他以罗宾逊书院有此图书馆而感到荣耀，此无疑将使罗宾逊书院在名院林立的剑桥树立一独特的形象与声誉。——金耀基）我自己是罗宾逊书院的董事，桂珍是院士。东亚科学史图书馆地是有了，图则也画好了，目前我们正在筹募图书馆的建筑费用。我对这个图书馆有很大的信念，将来罗宾逊书院应是世界科学史家研究、讨论的一个好地方。

10. 在科技史上替中国文化讨回一桩公道

金耀基： 最后一个问题。您觉得您遗留给后世最重要的是什么？

李约瑟： 我不知道。但是，我想应该是我们几十年来所从事的工作。

简单地说，这是在还一个公道（act of justice）。我觉得西方对中国文化是不公道的，现代西方最骄傲的是科技，西方人长久以来，以为中国是没有科技的，这是极大的不公道。我想我们的工作是对中国文化尽了一份公道。我希望有一天，也有人对印度的科技史做一系统的研究。我希望大家知道，科技是世界性的，它不是哪一个民族或文化的专有品，在科技的发展史中，许多文明在过去都曾有过贡献，并且相信将来更会如此。唯有在各个文明互重互谅下，世界的明天才有福祉与和平。同时，唯有各个文明的合作，才能看到早期皇家学会所称"真的自然知识"之伟大巨厦的建立。

1980 年 3 月

剑桥书院制的特色

1. 前言

剑桥是一所中世纪大学，创立于 13 世纪。她现在仍然是英国大学的双峰之一（另一是牛津大学），为世界学术重镇之一。

剑桥的美是举世皆知的，也是非常特殊的。看剑桥，一千只眼睛，就有五百种的看法。因此，到今天为止已不知有多少书是写剑桥的。谈剑桥，可从不同的角度与观点着眼，就教育制度来说，剑桥的特色是她的书院制（collegiate system）。剑桥大学不只是一大群"学部"（faculty）的组合，更是一大群"书院"（college）的结合。她是一个由书院结合而成的联邦团体，故剑桥亦称为"书院式的剑桥"（collegiate Cambridge）。

剑桥现在共有三十个书院。最老的圣彼得书院已有七百年的高寿。最新的罗宾逊书院则刚刚诞生不久。三十个书院，有三十种风格、三十种情调。从伦敦去剑桥，你心目中只有一个剑桥大学，但到了剑桥，则你只看到一个个的书院。诚然，书院是剑桥的灵魂，讲剑桥不讲书院，就像讲《王子复仇记》漏了丹麦王子。

2. 书院的含义、渊源及发展

中世纪大学，初无定所。所谓学者皆是流浪汉。他们只要跟上一位大学认定的教师（master）便算取得剑大入学资格。最初教师和学生大概都住在所谓"堂"（hall）里。hall 不外是师生自租的客栈，得到大学的承认，并予以督管。到了1284 年，伊利（Ely）主教鲍尔舍姆（High de Balsham）将一批穷学生收容到圣彼得教堂附近的两个客栈中，并订立了规矩。这就出现了剑桥第一个书院。

书院之不同于"堂"，在于书院是有捐赠基金的"堂"，并有一定的规程。早期 college 虽由教会设立，却非寺院，但其规程之严峻则有中世纪寺院的"清规"气味。剑桥史家特里维廉（G. M. Trevelyan）说书院虽初现于巴黎，但只在英国繁衍发皇。他说最早的书院之严规峻诫把早期学生的流氓气扫除净尽，使学术开始"文明化"。在剑桥，书院到 15 世纪已生根，成为强有力的组织。但书院不是"传道、授业、解惑"的地方，只是老少"居息一堂"的场合，教学向来是大学的职权。但到了 16 世纪以后，特别是 18 世纪，大学的教学的功能逐渐转到书院手中，大学差不多只剩下颁给学位的权力。长时期来，书院得皇室教会之眷爱，财源丰富，大学则相形见绌。在 18 世纪，书院确有"喧宾夺主"之势。

到了 19 世纪，特别是 20 世纪初叶，这种情形发生了重大的改变。此基本上由于 18 世纪的剑桥了无表现，工业革命过门不入，书院成为富家子优哉游哉的享乐地，与大社会完全脱了钩。这引致了皇家委员会几次三番的调查。自 1882 年，特别是 1926 年的法案之后，教学之职权彻底归还大学。书院则保留了甄选大学生入学权及非形式化的"导修"工作。这一改变，原因很多，但与科学教育的兴起有密切之关系。因为现代科学教育需庞大的经费的支持，此绝非任何单一的书院所能负荷。事实上，由于 1919 年皇家委员会的建议，国家开始支持剑桥（对象为大学，非书院）后，大学的经费不但有稳定的着落，且成为剑大主要的经费来源。目前，剑桥的教育设备固为大学所提供，教师的薪金亦皆来自大学，书院之独立性为之大大削弱。不止乎此，书院现在还需视财力之大小，向大学"捐纳"。大学与书院已出现了一新的关系。究实地说，20 世纪的剑桥，大学与书院的结合较过去更为密切。书院无大学，不足以完成其教育之功能；大学无书院，亦不足以显剑桥之特色。

3. 书院的格局与组织性格

剑桥三十个书院，规模大小不一，大者（如三一书院、皇家书院）院士（fellow）逾百，学生近千；小者（如露西·卡文迪什）院士不达三打，学生不过百余。书院之贫富、学风、传统，以及外貌亦各有异，但建筑的格局与组织性格则大同小异。自建筑上说，书院都拥有一个相当大而有气派的食堂（师生同餐是中世纪寺院生活的遗意），总有几条长长的厢房（同宿共息是书院式生活之根本），总有一个美轮美奂的院士休息室（combination room），这是剑桥 don（老师）饮酒、喝咖啡、较量"嘴上功夫"的地方。当然书院总有一座礼拜堂（此最能表征中世纪的宗教精神），再则是图书馆、酒窖与花园了。

自组织上讲，书院的统治机构是院士委员会。每个院士都有同等的发言权。从选举院士、甄取学生的人数与标准，一直到书院农庄应否养猪等事，莫不由院士会以讨论决之，极具民主精神。书院之称为"共和国"者以此。当然，这种民主性格也是较晚近的事。

院士与书院的关系是极有趣的。过去，书院可以说是一"全面性组织"（total institution），书院与院士有最全面性的结合。书院对院士有最全面的"占有欲"，它不但要院士对它精神上有完全的认同，并且要院士对它在形体上有彻底的归属。在1856年前，院士是不可结婚的。要结婚的话，你就得准备好辞职书。过去的院士真是以院为家，以院为天地，读于斯、长于斯、教于斯、老于斯乃至死于斯。高门危墙，院内院外几是两个世界，院士的最主要的认同与忠诚的对象无疑是书院。不过，书院与院士的结合是建于自愿与情感的基础上的。合则留，不合则去。书院对院士虽有"占有欲"，但却不是片面的、单轨的。书院对院士的眷顾也可说无微不至。院士有权在绿油油的草地上行走，院士可以在高脚台（high table）上、休息室里免费吃饭、喝酒、饮咖啡。此外，还供给研究室，假如你兼行政或导修职务，则更给你大学薪水以外的一笔津贴，有钱的书院还分给你"花红"。不止乎此，书院甚至还有为院士专设的"院士花园"哩！总之，书院千方百计让院士安心教书做研究，让他们在此安身立命。此所以在剑桥书院很少有人会轻易离开，外界即使以高薪相诱也不易打动院士之心。这与现代许多大学人事的流动决之于"学术市场"的供求情形者，颇异其趣。

当然，今日剑桥书院已不再是一"全面性组织"。院士不但有家室（在今天独身者甚少，有人戏称要使一个人早点结婚，最好的办法是选他为院士），并且他对大学也有同样的职责，因院士也同时是大学聘任的教师。假如是自然科学者，则他所花的时间更多在实验室里。院士今日的认同与忠诚对象已不限于书院，甚至也不限于大学了。的确，今日院士与书院的结合已远较过去松弛，书院的门墙（有形与无形的）已越来越开放了。但由于书院是一精神、情感与社交生活的场合，仍有它极大的吸引力与凝聚力。到今天为止，一个大学的教职员如不属于任何书院，通常被称为 displaced person，意指他无"家"可归，无处可去也。由于院士朝夕常可相处，不同行的学者有机会彼此切磋对话。因此不至于专注直往，成为 know more and more about less and less 的一技之士。实际上，斯诺爵士所说的"二个文化"（科学与人文学）的壁垒在剑桥书院里，较之一般大学是比较不严峻的。在剑桥书院的 don 里，虽然绝少"学究天人"的"通儒"，但有时还可遇到"文艺复兴"式的文化人。

4. 学院之教育功能

书院的教育功能，主要的是"导修"（在剑桥称 supervision，在牛津称 tutorial）。在书院中，有三个职位与学生关系最密，一是 tutor（有点像教务长，但又兼辅导工作），他对学生之学业、福利都顾而问之。一是 director of studies（学术部指导），他对学生的学业予以安排和指导。一是 supervisor（导师，不必由院士担任，事实上导修常由校外的人或研究生担任），他则负责"导修"。三者以导师最紧要。导修大约每周一小时，通常是师生二人相晤一室，无话不谈。导师或评论学生之论文，或指点应读何书，该听什么课，帮助学生发现自己，掘发潜能。当然，导师更少不得帮助学生应付学位考试。在书院中，师生的关系是亲密的、双轨的；彼此心目中是一个个特殊的"个人"。导师急学生之急，忧学生之忧。这个制度的精神是个别的关注（personal touch）。导修常被认为是剑桥教育制度的精华。不过，我们也不可太夸大导修的功能。事实上，剑桥的书院，过去把学生当"小孩子"看待，以此，管理惟恐不严，现在则基本上把学生当"成人"看待。最主要的还得要学生自发自立。事实上，学问与做人都不能全靠他力。自我的探索，孤独中的沉潜与攀登，在群性中把握个性，都是"成长"过程中所不可或缺的。

书院除导修外，实则还有许多"隐藏的课程"（hidden curriculum），即一些课程以外的具有教育作用的景物与活动。譬如一个基督书院的学生看到弥尔顿手植的桑树，能否无动于衷？一个三一书院的学生住在牛顿的房间里，焉能没有一丝见贤思齐的激奋？而一个圣约翰书院的学生听到沃兹沃思描写他母院礼拜堂的"一声是男的，一声是女的"钟声，又怎能不生一丁点儿诗人的遐思？

5. 结语

剑桥书院制是由七百年的历史递嬗演变而成的。她已从"过去"走出来，但她还在"历史"之中。在大社会的激变中，书院不能不做出一些适应性的改变。但她显然还保有她一些基本的功能。我们看到现代大学越来越向"综集大学"（multiversity）趋进，学术日益专化，人际关系日渐疏离，教育与生活裂为两橛。剑桥书院重视居息一堂，重视 personal touch，重视生活性情之陶冶与知性之启发。实值得借镜取鉴。唯剑桥书院制是成长的，不是创造的。刻意模仿，大可不必，亦难有功，但如能取其精神，配合本土社会文化而模铸之，则宜为有心于大学教育者所深思。

1976 年 12 月

大学之功能与大学生的责任观

1

我们讲大学生的社会责任，首先要了解大学的性格与功能，唯有如此，我们才能对这个题目有较切实的理解。

古典的大学是以知识的传授为主的。持这种看法而予以系统地发挥的要以牛津的纽曼枢机主教最著名。他的《大学的理念》一书允为经典之作。20世纪以来，大学的理念已经转变并扩大了。现代大学受德国19世纪大学之影响，已不止以知识之"传授"为足，而毋宁以知识之"发展"，即研究学问、探求真理为主要任务。早在1919年，蔡元培先生在北京大学就指出大学是一个"研究学理的机关"。自科学革命之后，一个广泛而深刻的世俗化运动日渐得势，而在知识分化与专业化下，大学已越来越成为一个以发展学术为宗旨的机构。而当现代社会在日趋复杂的情形下，"知识"（特别是科学知识），相对于宗教、道德等，更突显出其地位，并且成为社会各种职业所需要的行动资据。今日的社会确然已是一个以"知识取向"的社会，从而，在整个社会的观点下，大学乃成为一种主要的"知性投资"（cognitive investment）。社会之发展与这种投资有其密切的关系。这也就是社会学家柏森斯、贝尔等人以大学为今日社会之"中心结构"的原因。

当然，学术的研究发展，不必限于大学，社会上公立或私立的研究机构也一样可以承担这个任务。但弗莱克斯纳说得好，"成功的研究中心不能代替大学"，大学之别于其他"知识性机构"的特点之一，即在它还是一着重于教学的地方，是一个造育人才的地方。尽管应该培育怎样的人才（前文"怎样才算是一个'知识人'"曾讨论此问题）因社会之性格不同而有异，但大学之为大学，则必然是老成少壮结合的知识性社会。怀特海说："大学的存在就是为结合老成少壮以从事创造性之学习，而谋求知识与生命热情的融合。"尽管20世纪80年代的大学已成为克尔所说的"综集大学"，大学中有些部门已非专为学生而存在，但在综集大学中学生毕竟仍是极重要的一个组成，而大学最主要的两个功能（教学与研究）中，大学生都扮演了有意义的角色。

2

大学长期以来予人一种脱离世俗的"象牙塔"的形象，亦即视大学为一种"为知识而知识""为学术而学术"，而不理世间事者。近年来，这种形象已经彻底变化。有些极权国家根本不允许或不承认大学的自主性与独立性，而把大学完全纳入政治经济的统制与计划中去，大学在这种情形下，不能说对其社会无贡献，但也只是政治的附属品了。本文对这种大学不予以讨论。而有些社会，特别是美国的大学，为了本身的存在、发展及赢取社会的支持，乃标举"服务"的意念，对社会提供或直接或间接，各式各样的服务；或不加分辨地接受外界的研究委托；或不分轻重地广设训练班式的课程。服务社会原是无可争议的事，但大学过分把眼睛向外看，过分想取悦社会，甚至失去大学内在的价值感，以致"我吃谁的面包，就哼谁的曲调"。其结果，大学把"服务"放在学术之上，变成了广泛性质的"服务站"，走上与"象牙塔"完全相反的途径。美国有些大学更不知不觉与军事、工业成了三位一体，造成了大学的危机。[1]这一现象是 60 年代后期西方大学学生大反叛的重要原因之一。今天，有些大学对于"社会服务"已有较深的反省与检讨了。

大学之为"象牙塔"或"服务站"显然是两个不幸的极端。大学自然不能遗世独立、孤芳自赏，但与社会若能保持一距离，而非隔离，则更能产生一种客观冷静的观照心态，更能有利于纯净的学术研究、真理的探索。从大学的本质与长远的发展看，大学（特别是通过教师）虽然应该以其专有的知识来服务社会，以解决或疏导当前的问题，但它不能太过重视"当前"的问题，或有急功近利的做法。大学为社会之一分子，它与社会间心理上的高门危墙应该拆除，但它必不可在"当前"与"实际的"问题之压力下，放弃或影响到它探求真理、造育人才的"长远"而"根本"的使命（大学教师对社会之责任的分际，非此文所能讨论）。

3

上面指出，大学不同于其他机构，它的基本功能是发展

---

[1] 论此者甚多，参见 James Ridgeway, *The Closed Corporation: American Universities in Crisis*, Random House, 1968。

知识、造育人才。当一个青年进入大学后，他被赋予了一种责任，就是他在做大学生的阶段里，应该以充实学问为主职；他应该沉浸在理性的精神中，于图书馆、实验室、教室里，跟教师一起在知识的大海中进行创造性的航行。在学术的探索中，"知识的诚笃"（intellectual integrity）是特别重要的德性（德人 Max Weber 对此尤三致意也[1]），"知识的诚笃"是指对知识追求之真诚不欺。这种德性是大学教师与大学生不可或缺的专业或本位的责任，也可说是作为一个"学人社会"的大学的道德支柱。只有当这种德性充量发挥时，知识的尊严与学术的纯净性才能有力地建立起来，才不会曲学阿世，才能有"为学术而学术"的孤往直前的精神，而学术的火炬才能从上一代传递给下一代。这从长远的意义上说，是大学、大学生对社会文化可能尽的最大贡献。

一个有浓厚道德感的人，他的关怀与自我要求可以远远超过他专业或本位工作的责任以外。就一个大学生来讲，他的本位责任是在知识上做最诚笃的追求与磨炼。他对社会乃至全人类表现其关怀，或更怀抱"人溺己溺""先忧后乐""我不入

---

〔1〕 Edward Shils (edited and translated), *Max Weber on Universities*, University of Chicago Press, 1973.

地狱，谁入地狱"的高贵情操，自然是值得礼赞与钦敬的。但这些"最终价值"的抉择，是每个人方寸间事，它们可以是个别大学生自己所选择的情操，却不是大学生（作为一群体的范畴）必须承担的十字架，同时也不必是只有大学生才能承担的十字架。

大学时期对一个青年来说，是一个知识的积蓄时期，是一个在"知"上充量用力的时期。这就是为什么第一流而对人类有大贡献的学府，莫不具有良好的图书设备、实验室和优秀的教师；同时也莫不有一天清地宁的环境以供老少学人思考、想象、冥思以及安详地对话；这就是为了使知性的活动有最充量的效果。诺贝尔文学奖得主贝洛厌恶"大喧闹"，认为是诗的大敌，其实又何尝非学府的大敌？大学的宁静正在给大学生有一"知"的积蓄的佳地。一个在知识上没有做好积蓄的大学生，则他还没有在本位上做好准备，还没有真正可以发挥其能力的时候，事实上，他与未进大学之青年并无大异。在这种情形下，要在"行"上有所表现，则不啻"未能操刀而使之割"，他的能力与作用毋宁是有限的。这有点像警察学校、军事学校的学生还未取得必需的专业技能，就去捉盗、打仗。其用心纵或可贵，但效果则必然大打折扣。当然，在国家社会面临"非常"局面的时候，自应另当别论。譬如抗日期间，十万知识青年，投笔从戎，执干戈以卫社稷。那时，危急存亡，不绝如缕，设非卫土抗战，国将不国，何来大学？但那毕竟是"非常"时期，有非常的理由。盖"国家兴亡，匹夫有责"，大学生何能例外？！事实上，这已不是大学生的责任，而是国民的责任了！

4

大学是一个栽培普遍性的理念与理想，如平等、公正、和平的地方，这些理念与理想对于纯洁而有朝气的大学生具有启发与激荡的作用。当他们的理想主义与所接触到的现实世界发生差距时，大学生是很难加以容忍的，他们对不合理的现实是较易采取一不妥协的激烈而绝对的态度的。这现象几乎是世界性的。因此，大学生常不能把自己的责任局限于学问的追求上，并且觉得"为学问而学问"的态度是良心上不安的；也因此，大学生常自觉与不自觉地采取了一个传统上的"知识分子"的角色，即关心天下事，对天下事一肩承起。这可以看作是大学生的"直接责任观"或"无限责任观"。的确，在社会分工越细、专业越甚的情形下，传统形态的"知识分子"几乎已经在文化舞台上消失了。而大学生比较上是没有显著的专业认同的，从而也较能对"一般性"的问题敏感而关心。事实上，在许多事例中，大学生基于道德的热情与"无限责任观"，曾直接而立刻地对现实问题加以承担，也的确对不合理的现象产生了某一程度的净化作用。但是，也几乎是世界性的，大学生的热情与"直接责任观"，常不自觉地纠缠在现实的泥淖中。许多国家的大学生的激烈行动，并没有推倒心目中腐败的权力结构，却反而常湮没了大学的理性与道德的声音，甚焉者，有些且被驱入骨岳血渊而不可自拔，卒落为假革命者的祭品。许多大学生的运动常以理性始，而以悲剧终。徐复观先生曾在一文中指出："今日的大学生，若有志于挽救我们自身的悲剧，应当从自己不扮演悲剧的角色做起。"[1]这句话是很有警惕性的意义的。

不是在非常时期、非常局面，如果社会的现实问题必要等大学生去鸣不平、去纠正、去解决，则是社会的大讽刺，是学生的大不幸；而大学生如果过早而无备地掉进险污的现实陷阱而成为牺牲品，则更是个人的悲剧、社会的悲剧。我个人相信，在求学时期的大学生，应尽量积蓄自己的知识，尽量充实自己的智慧。关心与认识社会以及对现实之不合理者提出看法

---

〔1〕 徐复观：《怎样当一个大学生》，收入沈宣仁编：《大学教育与大学生》，香港：大学生活社，1973，第180页。

与批判，是应该而自然的，但这不必过早地走出教室、走出图书馆、走出实验室，直接参与，无限承担。基本上，我毋宁是不主张大学生的"直接责任观"与"无限责任观"的。要对社会有所贡献自是起码的良心，这也是大学的期待、社会的期待，同时，更是自己对社会、对大学培植的应有之义。但若要真正能有贡献，则必须有待知性的磨炼、理性的沉潜，那是在学业告一阶段之后，是在更能判断、更有能力"行动"的时候。许多青年，在大学时，热血沸腾，肩担道德的十字架，有"我不入地狱，谁入地狱？"的气概。但一旦离开大学，踏入社会，便不只"壮气蒿莱，金剑沉埋"，甚至对时代的问题不闻不问，对社会的是非也患了冷感症，不知不觉了。这才是真正可悲可叹的事。

1979 年 9 月成稿，1983 年 2 月校定

通识教育与大学教育之定性与定位

　　前几天，我正准备动笔写本文时，读到香港《明报》一个特稿，这篇特稿的标题是"美国大学通识教育大倒退"，它报道一份由美国全国学者协会所做的报告指出，过去三十年来核心课程"大抵已经消失"，至于"让学生了解他们身处社会的历史、文化、政治、科学等各方面的基本学科，不少已从课程中除去"[1]。这一则报道没有令我太惊讶，相信也没有令各位太惊讶。事实上，不少年来，我们一次又一次地读到或听到有关通识教育在大学退却或倒退的信息。也正因为如此，我对于台湾大专教育界致力于通识教育的捍卫与发展，特别感到鼓舞与钦佩。

---

〔1〕《明报》（香港）1996 年 3 月 21 日。

有一点，我必须指出，尽管通识教育在各国大学教育中有退却或倒退的现象，但是，我们也发现在许多国家大学教育的检讨与改革中，通识教育的价值与重要性都一次又一次地被肯定。1978年哈佛大学在罗索夫斯基领导下提出的一份长达36页的《核心课程报告》便是哈佛对通识教育再一次的探索，再一次的承诺。《纽约时报》在社论中表示了一种期许，"哈佛的方式成为美国的方式"。哈佛在美国大学中执牛耳地位，它的通识教育的理念与设计一直在美国大学中居风向标的位置。1944年哈佛的报告《一个自由社会中的教育》（Education in a Free Society）便深刻地影响了美国的大学通识教育的取向。1982年，克拉克·克尔在香港中文大学发表了题为"The Centrality of General Education"的演讲，强调了通识教育在大学教育中的中心位序。克尔是当代大学教育的巨子，他是对大学的现代性格与功能最有认识与创见的学者，他的见解应该是有一定的代表性的。从上面简单的陈述中，我们不难发现通识教育在当代大学教育中正出现一种矛盾与困境，一方面，在理念上，通识教育的重要性被不断地肯定，另一方面，在实行中，通识教育的重要性又不断地被淡化，甚至被忽视。

我想通识教育在当代大学教育中所以出现上述的矛盾与困境，最主要的是通识教育的定性与定位问题，更恰当地说，则是大学教育的定性与定位问题。很早以来，东西的传统文明国邦的"大学"教育，都具有今日一般理解的"通识教育"的性质。中国儒家的"礼乐射御书数"的教育内涵，西方希腊以来的博雅教育的内涵都旨在培养"通人"或"全人"，我们可以说，东西方传统的"大学"教育是定性在"通识教育"上的，也就是说，大学教育即是通识教育。在美国，就是到20世纪中叶，大学教育也还是继续这个传统。不过，当时，通常不叫作"通识教育"，而称为"博雅教育"。通识教育与博雅教育不同，但二者也有相通处。严格言之，前者整合之着眼点在"人"，后者的整合之着眼点在"识"（知识的识），但到了晚近，这二个称谓之界定越来越模糊，甚至互相通用了。我以为，"通识教育"这个称谓的提出是在学术越来越专门化，教育设计越来越狭窄之后才有意义的。它的目的与其说是取代专业教育，不如说是平衡专业教育的。诚然，大学教育，自古分科，南朝宋文帝将大学分为玄、儒、文、史四科，西方中世纪大学亦分文法、修辞及逻辑三科。当时的分科，毕竟是一个学者可以掌握的，但今日学术专门化的程度较之古代不可以道里计。1959年，剑桥大学的斯诺爵士发表名为"二个文化及科学革命"的演讲，指出学术文化已形成两个壁垒森严、互不沟通的世界，一个是人文的，一个是科学的。斯诺的观点，曾激起大西洋两岸学术圈的论辩。其实，学术与文化的分裂，严格言之，又何止"两个文化"，大而言之，诚如社会学家帕森斯所说，在今日大学的知识结构中，除人文、科学之外，至少还有一个"社会科学文化"，亦即是"三个文化"[1]，再深一层看，则这三个文化的内部又是千门万户、门墙耸立，隔行如隔山。古人所谓的"道术分裂"，在今天的大学教育中可以在不同的学科（discipline）或基本的"学系"（department）的精密分立中充分显现。

今天的大学在知识爆炸与学术专门化下，学科与学系越来越精细，这与社会分工及职业结构之越来越需专门知识的要求，显然有不可分的关系。今天，大学教育的设计，基本上是依学科而分学系，这是学术专门化的内在要求，也是为社会培养人才的有效方法。在这个意义下，大学教育的定性与定位不在通识教育，而毋宁更偏向专科教育了。就以哈佛的《核心课程报告》来说，尽管它被视为重振通识教育的一种改革，但这个改革方案仍然维持"主修"的制度，而主修课程占全部课程的一半，至于构成通识教育的"核心课程"则只占全部课程的

---

〔1〕 T. Parsons, "Some Considerations on the Growth of the American System of Higher Education & Research", in J. Ben-David & T. N. Clarks eds., *Culture and Its Creators*, University of Chicago Press, 1977.

四分之一。从而，我们很难把哈佛的大学本科教育定性为"通识教育"，认真说，哈佛只有称为"核心"的通识"课程"，并没有全盘的通识教育，大学本科教育的精神还是以学科为本的"专业"教育。

我上面所讲的是我对目前大学教育的实情的分析，我的目的是要指出，通识教育的重要性固然不容怀疑，但我们不能过分夸张或膨胀通识教育的位序，也不能让通识教育背负太大太重的担子。在很大程度上，今日通识教育受到批评，受到奚落，甚至在1977年被卡耐基高等教育委员会称之为"灾祸性的区域"，多少都与通识教育的定性与定位有关。

通识教育已很难，甚至不能是大学教育的整体。在英美国家有的学者（如负责扩展英国60年代高等教育的设计者罗宾斯爵士）主张把学术的专门化工作推迟到研究院阶段，亦即把大学仍定性、定位在通识教育，但这个主张的实行性不大，研究院到目前为止仍不是大众教育的一环，并不是每个大学生都进研究院的。就是以台湾地区来说，绝大多数的大学生都以"大学"为"形式教育"（formal education）的终点，也即在大学毕业后大多数都进入社会工作了。在今天的职业结构中的工作位置，越来越需要一定程度的专业修养，始能胜任。这也就是为什么一般大学都采主修制的原因。讲到这里，我们应该有一个认识，那就是通识教育应该是大学教育的一个组成，并且是一个重要的组成，但却不是大学教育的全部。

应该强调的是，把通识教育定位为大学教育的一个重要构成部分，也绝非完全没有争议的"自明之理"。最值得注意与反思的是，常常热心赞成通识教育的人，对于什么是通识教育、什么是通识教育的组成，却往往言人人殊，并无共识。其实，这也不足惊讶，这等于要界定什么是"知识人"（educated man），这个问题就很不容易。显然地，在传统社会称得上"知识人"的，在今天就不一定合乎"知识人"的定义。今天讲通识教育，就不能不思考用什么样的课程设计来达到培养现代"知识人"的目标。

一个现代的"知识人"，必须面对一个事实，大学的知识宇宙是多元的，它所包含的内涵，已不止斯诺所说的"二个文化"，甚至也不止帕森斯所说的"三个文化"，前些年逻辑实证论者希望达到"统一科学"的运动已告失败，近年来德国社会学家哈贝马斯重建知识论，提出知识三型（即经验–分析的知识、历史与诠释的知识及批判的知识）之说，则可以解消"科学主义"的迷沄与以自然科学为唯一的或最高位序的知识的霸权式思维。由于知识宇宙的多元性，许多大学通识教育的设计也采取了多元性的观点，其具体的表现则是把代表主要知识领域的科目列为通识教育的共同或核心课程，如著名的芝加哥模式有所谓"共同核心"（common core），包括四个学年科目，即生物科学、物理科学、社会科学及人文学；哈佛的"核心课程"则包括五个领域，即（1）文学与艺术；（2）历史；（3）社会分析及道德推理；（4）科学；（5）外国文化。这样知识领域"分配式"的课程设计，主要目的如罗索夫斯基所说，乃在养成知性能力以及思想习惯，更重要的是要引导学生在不同的领域中掌握获摄重要知识的方法。无可疑问，这样的通识课程的安排，可以使学生跳出狭窄的一技一能的专家式的思维方式与观点，而能养成一种多知识角度的观点，也就更能使学生培养独立判断，选择重要的价值（如美、正直、公正、容忍、理性、自由等）而爱之、好之、乐之、坚执之，养成一种精神与习惯。唯有通过这样的训练，大学毕业的学生庶几乎可以称之为现代的"知识人"。

我在这里想强调一点，上面所提通识教育课程的设计，有其模式的示范性，但到今天为止，我们实在没有一个通识教育的"范典"。我相信，每个社会在设计通识教育课程时除了应该包括上述"分配式"的各个主要知识领域的科目外，应该保留一个"空间"，就每个社会本身发展的需要，设立一些特殊的通识科目。香港中文大学以融会中西文化为鹄的，所以在通识课程中，特别以"中国文明"为共同必修科目，这是因为我们相信，中文大学固然在培养现代的"知识人"，但却更着重在培养"中国的"现代知识人。如果一个中国的大学生对自己的"文明"都无一定的认识，要想融会中西文化就变得毫无着落了。

现在，我想就这次研讨会的主旨，即"大学院校通识教育改进"发表一点意见。

首先，我要讨论一下台湾地区的大学的通识课程在大学教育中的比重。据我所知，在台湾的大学，一个学生须读完四年，修满128个学分始得毕业。这是"学年制"与"学分制"结合的制度。据其教育管理部门在1993年起实施的共同必修科统一规定：在128个学分中，有20个学分属共同必修课程（中文6学分、外文6学分、本国历史4学分、"宪法与立国精神"4学分），而属通识课程者仅8学分。显然，在这个课程结构中，通识教育的分量是绝对偏轻的，它只占整个大学课程的十六分之一。无疑的，分量如此轻的通识课程是发挥不了赋予通识教育的重任的。我个人认为通识课程的比重应该提升到大学全部课程中的四分之一或五分之一。我注意到，台湾大学与清华大学（新竹）在目前课程结构中做了极富创意性的努力，就是把"共同必修科"的20个学分"以通识方式呈现其内容"，亦即把共同必修科加以"通识化"。这确是提高台湾的大学院校的通识教育功能一个很积极有效的途径。通过这样的改进，在实质上，大学的通识教育课程就可提高到 28 个学分，亦即占整个大学课程的 22% 的比重。这样就达到整个大学课程四分之一以上的分量。在比重上，较之哈佛、芝加哥的模式也就无遑多让。台湾的通识课程在大学教育中有这样的定位，应该是有可为的。

通识教育有了适当的定位，却并不能保证通识课程一定可以办得成功。在这里，我要引用台湾清华大学校长沈君山先生的一段话，他说：

> 通识教育最重要的是实践，不能只是理论。在台湾，实践通识教育远比讨论通识教育困难。这些实践的困难包括：（1）没有人愿意去管；（2）没有教授愿意去教；（3）没有学生肯花精神去听。[1]

读到沈君山先生提出的通识教育实践的"三没有"的困难，相信从事大学通识教育的人都会发出会心的同感。我觉得这个

---

[1] 沈君山：《"国立"清华大学通识教育的展望》，收入《大学通识教育的理论与实际研讨会论文集》，台湾大学文学院，未刊出版时日。

"三没有"是大学通识教育的死敌，如果不能把"三没有"变成"三有"，通识教育是绝难成功的。台湾的大学院校要改进通识教育就不能不在从"三没有"到"三有"上下功夫。通识教育这个"三没有"的病情是很深、很重、很复杂的，清华与台大对通识教育所提出的诊断深获我心，而在种种结构与资源的限制下，所提出的解决方法也切实中肯而且有想象力。我在这里做共鸣之余，愿意针对通识教育实践上的"三没有"再提一些意见，以供大家参考。

（一）我先谈"没有学生肯花精神去听"的问题，这是从事通识教育者最需面对与反思的。为什么学生不肯花精神上通识课程？原因很多，不可一概而论，功利主义心太强的学生觉得它"无用"；中学时期无良好通识准备的学生对它有疏离（文法科的学生很难接受理科的通识课程）；但更基本的原因则是学生认为通识课程读得好坏无关紧要（升班或毕业）；再有的则因通识课程内容肤浅，好应付。在美国，通识课程被视为"开胃食品"，在台湾地区被视为"营养学分"。要言之，在功利挂帅、专业当道的气候下，通识课程是容易被轻视的。搞通识，确似逆水行舟。我以为，通识课程本身没有"受尊重性"（respectability）可能是问题的核心，所以如何使通识课程赢得"受尊重性"，是使学生向通识教育归心、向心的根本之道。通识课程决不可使之成为肤浅、普通常识的代名词，什么课程可以成为通识课程，必须有严肃、严格的审查过程，决不能让一些鸦鸦乌乌的课程成为通识课程（审查需有一专责委员会处理，这点下面会谈到）。只有这样，课程才能渐渐建立尊严，赢得"受尊重性"。当然，要使通识课程有"受尊重性"，最有效的方法莫过于请那些在大学享有"受尊重性"的教师来开设。哈佛的通识课程之所以受学生欢迎与重视，在很大程度上是因为哈佛不少通识课程都是由享誉崇隆的教授担任的。我认为台湾的大学院校如果发决心使通识课程成为校内"受尊重性"的课程，学生对通识课程的态度是会更改的，也许我是一个乐观主义者，我一直认为对教育不妨有一点乐观精神，否则从事教育太苦，也太会令人疲倦了。

（二）再讲"没有教授愿意去教"的问题，为什么没有教授愿意去教？这显然不只是台湾大学界特有的现象。简单说，因为通识课程没有"受尊重性"，是次等课程，试问谁又愿意去教这样的课程？这不是人之常情吗？这里有一个"恶性循环"在运作。因为通识课程没有"受尊重性"，所以好的教授就不愿意去教，因为好的教授不愿意教，通识课程就变得没有"受尊重性"。这个"恶性循环"必须打破，打破之道，在通识课程开设与教授聘请二方面必须双管齐下。当然，这不是易事，也非一下子可以使整个局面改观，但只要有决心，总可以设计一些有"受尊重性"的通识课程，也可以使一些好教授愿意去教通识课程。这样就可打破"恶性循环"，渐渐形成新的气候。有一点，必须提出来，请通识教育的教师是一件事，请教师教通识课程是另一件事。在大学的知识结构中，没有人是"专修"通识教育的，恐怕也不会有人对自己的专业认同是通识教育，因此，大学很难请到"通识教育的教师"。事实上，大学也很难用什么标准去甄聘通识教育的教师。但是，以目前具有示范性的通识课程设计，如哈佛与芝加哥的模式，以及台大与清华的设计来说，通识课程是由各主要的知识领域所提供的科目组合而成的，换言之，通识课程的教授还是来自人文学、物理科学、社会科学和生命科学的，他们开设的通识科目都有专业的修养与深度，他们的专业认同还是他们自己的学科。而由他们来教与自己专业有关的科目，他们的研究也还是自己专业的领域，这样就不会影响他们的专业发展与地位。因此，我看不出他们会特别不愿意教通识教育的课程。香港中文大学的经验显示，当我们邀请某个专业的教授开设通识课程时，他们大都表现出很高的合作意愿。我取说，他们之愿意教通识课程，不纯然出于一种对通识教育的责任感，而毋宁是带有几分真切的兴趣的。

（三）最后，让我们谈谈"没有人愿意去管"的问题。为什么会出现没有人愿意去管、去负责通识教育的现象呢？我不知这现象在台湾的大学院校是不是很普遍？这现象之出现当然也并不令人惊异。上面我们已一再提到大学的知识结构中，分为几个主要知识领域，表现在组织上是学院与学系的分立，通识教育并不是一个独立的知识领域，也因此通常不会有一个独立的组织形式。再则，大学的教师都有其专业认同，使之负责大学的通识教育（不止教通识课程），在一定程度上，是会影响其专业地位与发展的。这就出现了"没有人愿意去管"的现象了。

可是，大学要推动通识教育，并且要做得好，做得有效，就不可不有一个专责的单位，一个对通识教育有全局视野与整合能力的组织。芝加哥大学在通识教育上所以独树一帜并享有盛誉，一个重要的原因就是因为它有一个独立负责通识教育的学院，有一群对通识教育有坚定承诺的教师。[1]没有一个大学会跟芝加哥大学完全一样，每个大学都有自己的历史与特殊性

---

[1] Ralph W. Nicholas, "General Education at the University of Chicago: The Role of Faculty Organization and Governance", in *General Education Towards the Twenty-First Century: Proceedings of the First International Conference on General Education in Universities and Colleges*, Tsinghua University, Taiwan, 1995, pp. 62-77.

格。所以，设立什么样的组织机制来负责全盘的通识教育，必然因校而异，台大与清华据我了解就不完全相同。真正的关键是大学的领导层要全力支持这个通识组织（不论它是委员会或教育行政单元），再则，要这个通识组织发挥功能，必须请一位对通识教育有信念与承诺、在专业上有成就，并且有行政才能的教授来领导。这样的人不多，但不是没有，这样的人才，靠选举不一定肯出来，也不一定会出线，这样的人物攸关大学通识教育之成败，能不能请得到，是对大学校长的一项挑战。

威尔斯说，历史已越来越成为"教育与灾祸的一种竞赛"。教育与文明发展有不可分割的关系，而大学教育在整个教育制度中日渐占有决定性的地位，从而可知大学教育的角色与功能是何等重要。大学教育能不能培养一个"知识人"？能不能培养一个中国现代的知识人？这都与大学的通识教育有十分密切的关系。不夸大地说，21世纪中国新的现代文明的性格的形塑与大学院校的通识教育都有直接间接的关系。我们今天在这里讨论的是一个极端严肃与重要的问题。谢谢各位的耐心。

现代性、全球化与华人教育

1. 华人族群的崛起

讲"华人教育",我们应该对"华人"这个词有一个认识。华人是相对于"中国人"这个词来说的,学者的一般用法是,"华人"是族群或文化上的称谓,"中国人"则有政治、国籍的含义,华人是指源于中国这个族群的人,中国人则指属于中国这个国家的人。西方人,常把中国大陆以外的中国族群的人,称之为"海外华人"(overseas Chinese)。其实,更合乎实际的说法,大陆、台湾与港澳的中国人可称之为"海内华人",东南亚、北美、欧洲、南美以及非洲的华人则可称之为"海外华人"。20世纪90年代,一件世界最瞩目的事则是华人族群的崛起。大家知道,过去四百年是西方文明一步一步压倒了其他文明的局面，华族文明（Sinic civilization）自 19 世纪以还与其他非西方文明一样，都被"边缘化"了。但这情况到了 20 世纪的末叶发生了巨大的变化，奈斯比特（John Naisbitt）在《亚洲大趋势》（*Megatrends Asia*）中指出："90 年代亚洲的时代已来临，当我们走向 21 世纪时，亚洲在经济、政治与文化各方面都将成为一个具优势性的区域，我们正在亚洲文艺复兴的门口。"奈斯比特的说法或许是对亚洲一种乐观估计，但即使最近东南亚与东亚货币危机，也不能抹杀亚洲的成就。特别是，在这个亚洲崛起的大趋势下，华人族群的表现更受到世人的肯定，在继日本而腾飞的所谓亚洲四小龙中，中国台湾、香港固是华人社会，新加坡也有百分之七十是华人。德鲁克（Peter Drucker）甚至说中国大陆以外，分居于台、港、东南亚、北美、澳、欧的 5500 万华人，已经成为一"新的经济超强"[1]，当然，华人族群的主角是中国大陆，华人族群的真正崛起是中国大陆 80 年代之后现代化的发展，没有中国的崛起，谈不上真正华人族群的崛起，乃至谈不上真正亚洲的崛起。韦登鲍姆（Murray Weidenbaum）说："尽管目前日本在这个区域

---

〔1〕 Peter Drucker, "The New Superpower: The Overseas Chinese", *The Asian Wall Street Journal*, December 21, 1994.

有支配性，亚洲的以中国人为基础的经济已急速地成为工业、商业和财务的新的中心。"[1] 我们应该指出，长期以来，一向不乏个别的华人在科技、建筑、艺术、商业等领域有杰出的表现，但 90 年代在世界所展示的则不是个别的华人，而是华人族群的成就。华人族群的成就最显著地表现在经济发展上，表现在现代化上。中国大陆、台湾与香港这三个华人社会，以及以华人占多数的新加坡，在跨向 21 世纪之前夕，在现代化上都取得了不同程度、不同性质的发展。正是因为这些华人族群在现代化上的成功，使华人族群产生了新的自信，并激发了族群的文化认同。

2. 华人教育与现代化

华人族群的升起与现代化的成就是有密切关系的，而华人之所以在现代化上取得成就则很自然地会联想到华人教育。教育与现代化，特别是与经济发展的关系一直以来是学者讨论的热点，尽管教育与经济发展之间是否有一绝对的因果关系还有争论，但经验的研究相当有力地显示凡是在教育

---

[1] M. L. Weidenbaum, "Greater China: The Next Economic Superpower?", Center for the Study of American Business (Washington University in St. Louis), *Contemporary* 57, February, 1993, pp. 2-3.

上投资多的社会，发展会更快速。[1]近年来更流行的人力资源理论视教育为一种投资，相信对教育的投资会增加受教者的生产力，也即会增加整个生产。[2]丝毫不足惊讶的是，西方高度现代化的国家，一般都对教育进行相当高比例的投资。至于华人社会，由于儒家的价值观，都重视教育。诚然，教育在中国文化中占一极重要位置，中国数千年来最受尊崇的孔子便是一"有教无类"的教育家，民间"天地君亲师"的序位，亦可见出教师地位的隆重。在今天华人的地方，父母尽管贫穷，但节衣缩食，让子女受最好教育的情形屡见而不鲜，但我们必须注意一个事实，虽然华人普遍重视教育，但在华人社会中，中国大陆的教育投入则出现十分落后的现象，中国大陆自改革开放以来，经济和社会固然有了持续稳定的发展，根据1994年世界发展报告中的1992年数据，评出中国大陆居世界的位次已上升至第67位，属世界中等偏下水平。但是，大学生入学率很低，仅为2%（指占

〔1〕 D. C. McClelland, "Does Education Accelerate Economic Growth?", M. A. Eckstein & H. J. Noah eds., *Scientific Investigations in Comparative Education*, London: Collier MacMillan, 1969.

〔2〕 Theodore Schultz, "Investment in Human Capital", *American Economic Review*, Vol.51 (1961), George Psacharopoulos & Maureen Woodhall, *Education for Development*, New York: Oxford University Press, 1985.

20—24 岁年龄群之总人口比重），比世界平均水平 16% 低
14%，也低于低收入国家的水平，居世界第 100 位，它反映
了我国教育投入与高级人才的培养偏低。社会发展水平低于
我国的菲律宾、印度尼西亚、巴基斯坦、印度、缅甸、孟加
拉国、尼泊尔等国，此项指标均高于我国，达 3% 至 28%。[1]
假如我们同意，发展教育，特别是高等教育是实现现代化
的关键，那么中国大陆到达真正现代化的境地还有一段距
离。我们近年来常听到一种说法，认为 21 世纪是中国人的
世纪或"华人的世纪"，我想这对华人或许是一种鼓舞，但
这恐怕是太浪漫的声音。我个人认为，如果华人社会没有
一百所以上的第一流的大学，就很难想象 21 世纪会是华人
的世纪。现代化最终的动力与实力是知识，也即是教育，特
别是大学教育。美国社会学家贝尔辩称大学已成为现代社会
的中心结构，其原因是大学是产生"理论知识"（theoretical
knowledge）的地方，这种理论知识是现代社会运作所需的
新的重要资源。[2]当代对大学教育最有洞见的前加州大学校
长克尔在 1966 年说："知识对整个社会的行动在历史上当然

---

[1] 朱庆芳：《衡量社会发展的新尺度》，刘兆佳等编：《华人社会指标研究新领域》，
香港中文大学出版社，1996，第 24 页。

[2] Daniel Bell, *The Coming of Post-Industrial Society*, New York: Basic Books, 1973.

从没有如此地占中心地位。上一世纪下半叶铁路所担当的角色，本世纪上半叶汽车所担当的角色，也许本世纪下半叶将由知识产业来承担了，那是说，作为国家成长的焦点。而大学则是知识产业的中心。"[1] 如果华人没有第一流的教育，我们就无缘成为第一流的现代化社会，更不必说 21 世纪是华人的世纪了！

说到华人的教育，特别是华人社会的高等教育，我们不能不承认一个事实，即中国自清末废科举以来的教育改革，基本上是朝向西方的学校模式的。以今日中国大陆、台湾与香港三个华人社会的大学教育来说，诚然，三地的大学结构与内涵都有差异性，但基本上，都是依循西方自欧洲启蒙运动以来演变的现代大学模式的。这从大学的组织形态、课程结构以至学术性格，都可见出华人的高等教育的西化取向，毫无疑问，华人教育的西化取向是百年来华人社会整体西化的一个构成部分。众所周知，以华人为社会主体的中国，自 19 世纪末受到西方帝国主义的侵略，鸦片战争之后，被迫门户洞开，沦为半殖民地，中国为图强自救，先后发起了一连串的改革与革命运动，其中一个重要的改革环节便是教育，而教育思想之主要变

---

〔1〕 Clark Kerr, *The Uses of the University*, New York: Harper Torch Books, 1966, p. 58.

化便是以接受西方的教育思想取代了儒家的教育思想。早期
重西语、西学、西艺、西政的大学教育[1]，固然是明显的西化，
"五四"新文化运动标举的"德先生"（民主）、"赛先生"（科
学）更是法国启蒙运动的主要精神。

讲到这里，应该指出，在学术与文化的论述中，"西化"
与"现代化"一直是纠缠不清的两个词汇，当然，西化与现代
化是两个有截然不同指涉意义的词汇，但是，这二者却又是有
互相交叠的语境的。最决定性地开启所谓"现代性方案"（用
哈贝马斯的说法）的启蒙运动固然发生在西方，但它却又是
改造转化西方本身的文化的。故学者间有视西欧为"现代性"
的第一个个案者，也即西欧是创发第一个现代文明秩序的区
域。在这个意义上，作为东方社会的中国模仿或效法这个西欧
的现代性时，固然是现代化，但也不能不是西化。在 20 世纪，
美国已成为西方现代性的"带头社会"（lead society）[2]，以此，
所谓西化，亦就有"美国化"的取向。事实上，华人的高等教
育自 20 世纪初，先则模仿日本（特别在政法教育上，顺便值
得一提者，在大学课程中如政治学、经济学、社会学、哲学等

---

〔1〕 任时先：《中国教育思想史》，台北：商务印书馆，1974，第 300—328 页。

〔2〕 Peter Wagner, *A Sociology of Modernity: Liberty and Discipline*, London, Roülledge, 1994, p. 180.

学科的名词皆是从日文转借而来的），继则模仿德、法，但最后则以美国的模式最有影响力（在科学与人文教育上）。在这里，我们会发现一部现代华人高等教育史与一部现代中国留学生史是不能分开的。[1]当然，我们不会不注意到，中国大陆这个华人社会的高等教育，自 1949 年之后所推展的是以马克思主义为思想根源的社会主义教育，它有系统地清除资本主义（以美国为主）的教育思想与中国传统儒家的（被认定为封建主义的）教育思想。社会主义中国早期的教育政策与措施，像它的经济政策一样，基本上是依循苏联模式的，大学教育尤其如此。大学特别强调科学与技术的教育，旨在为工业化提供必需的专家与科技人才。大学的组织形式、教科书，以及教学方法，几乎是全盘地模仿苏俄，成千上万的青年被选送到苏联留学，接受现代科学与技术的训练。中国大学教育亦历经波折，最显著的是"文化大革命"的冲击，这是一种文化极端主义，它不只反资本主义、反修正主义，更"反四旧"、反西方，亦即它不只反民族传统文化，更反西方文化。"文化大革命"可说是由"五四"文化激进主义者之"单反"（只反民族传统）意识扩大到"双反"意识，即在反民族文化外，更反"五四"

---

〔1〕 李喜所：《近代留学生与中外文化》，天津人民出版社，1972。

所信仰之西方文化，更进一层分析，我们会发现在"双反"意识的激化下，它所反的文化面已触及"西方的反西方"的马列主义本身。[1]"文化大革命"的意识取向无疑是反现代化的，在此期间，大学几乎停顿；70 年代中，大学的入学人数只有"文革"前的三分之一；1978 年后，在四个现代化的政策下，中国教育才出现了新的巨大的转变。大学教育的发展也成为中国社会主义现代化必要的组成与动力。

中国的社会主义的现代化，从比较的历史观点看，与欧洲的启蒙的"现代性方案"是有脉络可寻的。马克思受启蒙影响至深，他怀抱的人类"解放"的观念就是启蒙价值的核心，故他被视为"启蒙之子"。[2]马克思对于启蒙方案所产生的 19 世纪的现代文明有深刻的洞悉。在他眼中，这个现代文明是由资本主义的现代化所建构的，他在《共产党宣言》中，对资本主义的现代性，特别是它的生产力给予了最大的赞美，以至塔克（R. C. Tucker）认为马克思的《共产党宣言》未尝不可看作是"现代化理论的宣言"。[3]诚然，如

---

〔1〕 金耀基：《中国文化之意识之变与反省》，收入金耀基：《中国民主之困局与发展》，台北：时报文化出版公司，1984，第 91—92 页。

〔2〕 M. Sorup, *Post Structuralism and Post-Modernization*, Harvester Wheatshelf, 1993, p. 166.

〔3〕 R. C. Tucker, *The Maxism Revolutionary Idea*, London: George Allen & Unwin, 1970, p. 93.

伯曼（Marshall Berman）所指出，马克思是一位"现代主义者"，他看到资本主义社会之发展的成就，但也看到资本主义现代性的缺失，他希望能用更完整与深刻的现代性来疗治资本主义的现代性。[1]

3. "科学知识的文化范典"与价值教育的失位

今日，华人社会的高等教育实际上与西方的高等教育一样，都是启蒙方案的产物。启蒙方案以建立理性社会为鹄的。启蒙思想家相信科学与理性的成长会导向人类普遍的自由与幸福。但是，如德国社会学家韦伯所指出，启蒙的遗产实际上是一种特殊的理性，即工具理性的胜利。这种工具理性影响到社会与文化生活的每一个面向，包括经济结构、法律、科层行政，甚至艺术。[2]当代的现代化的大学教育，实际上当道的正是这种工具主义的理性观。大学教育的主要目的是为经济发展、工业化、科技化提供必要的技术知识。简言之，大学教育的主流是技术教育。美国社会学巨子帕森斯认为在"理性的"

---

〔1〕 M. Berman, *All That Is Solid Melts into Air*, Penguin Books, 1988, p. 98.

〔2〕 研究韦伯的著作不胜枚举，哈贝马斯对韦伯现代性理论的论述最具参考价值。见 Jürgen Habermas, *The Theory of Communicative Action*, Translated by Thomas McCarthy, New York: Beacon Press, 1985, Vol. Ⅰ, pp. 143-272; Vol. Ⅱ, pp. 303-331。

文化传统下，大学教育是"知性取向"的，大学是一（知性复合体）cognitive complex。[1]诚然，如贝拉（R. Bellah）批判地指出，"科学知识的文化范典"（cultural paradigm of scientific knowledge）在美国大学，特别是"研究大学"中已当阳称尊，此在自然科学固不必说，社会科学在这个范典下，也只重"客观性"，而视一切社会问题的本质主要是"技术"性的，而非道德或政治性的。关乎什么是好的人生、好的社会的伦理教育则不再是高等教育的中心，也即被边缘了。[2]现代大学教育之着重"知性取向"，使伦理教育或价值教育在大学的课程中已失位或消失，在最好的情形下，也是边缘化，这是因为在科学知识的文化范典下，价值体系及观念被视为不是"知识"，以是，伦理教育或价值教育在大学知识的庙堂中的位置也就不确定了。但是，大学除了发展与传播知识外，也应该是一个为培养建立好的社会、好的文明秩序的人才的地方。换言之，大学除了提供知性功能之外，也应该肯定"实践理性"的重要性，培养现代社会公民的能力与价值观。在这个问题上，华人的大

〔1〕 T. Parsons, "Some Considerations on the Growth of the American System of Higher Education and Research", J. Ben-David & T. N. Clark eds., *Culture and Its Creators*, University of Chicago Press, 1977, pp. 276-277.

〔2〕 Robert Bellah et. al., *The Good Society*, New York: Vintage Book, 1991, pp. 153-163.

学教育与西方今天的大学教育一样，似乎把公民教育与道德（价值）教育基本上都交给了中学与小学。[1]

今日的华人大学教育与中国传统的教育的重心可以说有极大的不同。史学家钱穆先生指出，依照中国传统，应说学问有三大系统，第一系统是"人统"，第二系统是"事统"，第三系统是"学统"。在这三大系统中，尤以第一系统为最重要。他说："第一系统是'人统'，其系统中心是一人，中国人说，学者所以学为人也。"一切学问，主要用意在学如何做一人，如何做一有理想有价值的人，此乃吾人从事学问是一种创造意志与领导原则。因此，其所成之学问，亦以如何做人为中心、为系统。

他又指出："若把西方学问的大体来和中国传统相比，似乎西方人最缺乏中国传统之第一系统，即他们并不注意到如何做人这一门学问。"[2]钱穆先生这一看法是相当深刻的，也许我们应该做一疏解。中国教育重"人统"、重"做人"，亦即重伦理与价值教育，这确是中国教育核心，至于说西方不注意到如

---

[1] 关于道德和公民教育问题，香港中文大学的香港教育研究所最近出版的 *Moral and Civic Education*, ed. by Leslie Nai-kwai Lo & Man Si-wai, 1996，以及刘国强、李瑞全编的《道德与公民教育》两书值得参考。

[2] 钱穆:《中国学术通义》，台北：学生书局，1977，第225—240页。

何做人这一门学问，如果指这是西方现代大学的"知性取向"的结果，确是符合实际的，不过西方传统的教育思想则亦非不重"做人"，亦即同样是重伦理与价值教育的。而在中、小学中的公民教育则显然是重"做人"的。值得注意的是，今日西方亦已经有越来越多的人开始重视价值与伦理在教育中的重要性。罗马俱乐部（The Club of Rome）在1992年出版的《第一次全球革命》（*The First Global Revolution*）一书中，就积极地呼吁"重建价值观"，它说：

> 科学的缺点是虽然它能对我们的物资幸福有很大的贡献，例如促进健康、延长寿命、提供娱乐等，但是相较之下，对丰富人类生存内涵却没有什么帮助。目前所急需去做的是在人性架构之内控制科技发展，用神圣的、世界性甚至宇宙性的观点，同时借着培养社会、道德和精神德性，去平衡物质的进步。这一点对已开发国家和开发中国家都同样重要。[1]

---

[1] 罗马俱乐部：《第一次全球革命》，黄孝如译，台北：时报文化出版公司，1992，第186页。

诚然，现代大学教育在保存人类文化传统与建立现代文明秩序的工作中扮演了重要的角色。今日华人大学教育关系到华人社会的现代性的建立，因此，我们必须反省我们华人的现代大学教育的理念与内涵。在发展知识、促进科技与经济发展、丰富社会的物质幸福之外，我们不能不问我们应该培养怎样的现代华人人才？应该建立怎样的一个现代文明秩序？这就不能不牵涉教育的伦理观与价值观了。我们必须检讨由启蒙方案发展以来的知识与教育的范典，必须思考大学教育的定位与定性问题。

4. 高等教育的国际化与华族的文化认同

现代性到了 20 世纪的 90 年代已经是一全球化的现象了，有人已相信："启蒙所梦想的理性社会已在相当程度上实现了。"[1] 无可否认，启蒙所标举的价值如自由、平等、正义及民主等，已越来越为现代化中的社会所接受，事实上，西方现代性已在经济、政治、建筑、艺术等多个方面扩散到世界，此在教育上也不例外。有趣的是，当现代性正成为全球化的时候，在 70 年代的西方，有关现代性的论述几乎归于寂

---

〔1〕 B. R. Barber, "Jihad vs Mcwold", *The Atlantic* 263 (3).

灭，但是，到了 80 年代，现代性的讨论复活。不过，很吊诡的，现代性的辩论兴起新热潮，部分的原因却要归之于"后现代主义"（post-modernism）对"现代性"的挑战。"后现代主义"宣称"现代的终结"，认为现代的前景已关闭。在这里我们无意讨论现代主义者（如哈贝马斯）和后现代主义者〔如利奥塔（Jean-François Lyotard）、鲍德里亚（Burdrillard）等〕的论辩。我们认为这些论辩所触及的实际上只是西方的现代性问题。当西方的现代性进入现代性后期阶段时，现代化在世界其他地区则正如火如荼地展开。费瑟斯通（M. Featherstone）有这样的观察：

> 那么，现代性的终结较恰当地是指西方现代性的终结。或者，较温和地说，西方现代性之终结已经浮现，西方现代性已经到达高峰，也已疲乏，但是，东亚或世界其他部分却一点也无疲象，它们正追求它们国家或文明的现代性。以此，或者较适合地应该说多元现代性，而不是单元现代性了。[1]

---

〔1〕 Mike Featherstone, *Undoing Culture: Globalization, Postmodernism and Identity*, London: Sage Publication, 1995, pp. 83-84.

的确，全球化虽然为世界带来了一些普遍的现代性格，但世界并未出现单一的现代文明，恰恰相反，正由于全球化，亚洲及其他区域因为在现代化上的成功，激发了自觉与自信，而寻求文化上的身份与认同。斯奈比特说："已越来越多的亚洲人有一种自信，自信它可以发展自己的模式，亚洲的模式。"[1]在深层的意义上，这种肯定亚洲人（当然还包括信仰伊斯兰宗教的民族等）自己的现代化方式，即是追求亚洲的异类的（即别于西方的）现代性（alternative modernity）。哈佛大学的亨廷顿指出，现代化的结果，是强化了非西方的文化，相对地减弱了西方的权力。他说："在根本上言，世界变得较多现代性，较少西方性。"[2]的确，现代性的全球化结果，一方面固可看作是西方现代性的扩展，另一方面则出现了一个越来越有力的"去西方中心"的全球观的要求。从世界的角度看，目前文化论述之热衷于讲"歧异性""多元性"的后现代主义，如斯马特（B. Smart）所言："这或许不尽是现代性的死亡或疲乏的征象，毋宁是对具有创造性动力与影响力的太

---

〔1〕 J. Naisbitt, op. cit., pp. 93-94.

〔2〕 S. P. Huntington, *The Clash of Civilization and the Remaking of World Order*, New York: Simon & Schuster, 1996, p.78.

平洋环区与东方开发中国家一个迟来的承认。"[1]美国社会学者蒂尔亚凯（E. A. Tiryakian）认为，我们正处于一个全球轴心的转变期，现代性的"中心"（epicenter）已由北美转向东亚。[2]对华人族群来说，无论中国大陆、中国台湾、中国香港或新加坡，都在全球现代化的过程中，不只在追求经济与科技的发展，也正越来越自觉地在寻求建立现代经济的、政治的与伦理的文明秩序。诚然，在全球化的过程中，人类的确有机会乃至有欲望建立一个全球社会，亦即人类有希望乃至有可能建立一些共同的价值观念。今天，人类面临许多新的问题，最显著的如生态环境问题，它们已超越国家或文化的疆界，它们的根本解决之道，如罗马俱乐部所指出，就需要一种"新世界伦理"，这包括大自然伦理（因全球环境问题而引起）、生命伦理（因遗传工程而引起）、经济开发伦理（由贫富之间越来越不可忍受的鸿沟所造成）等，[3]不过，全球化，如前面所述，正激起了各个文化族群的身份与认同的自觉与肯定，亦即全球

---

[1] Barry Smart, "Modernity, Post-Modernity and the Present", Bryan S. Tuner ed., *Theories of Modernity and Post-Modernity*, London: Sage Publication, 1990, p. 28.

[2] Edward A. Tiryakian, "The Global Crisis as an Interregnum of Modernity", E. A. Tiryakian ed., *The Global Crisis: Sociological Analysis and Responses*, Leiden: E. J. Brill, 1984.

[3] 罗马俱乐部：《第一次全球革命》，黄孝如译，台北：时报文化出版公司，1992，第191—193页。

化，一方面出现全球性（globality），另一方面则激发地方性（locality），罗伯逊（R. Robertson）因此有"全球地方同在性"（glocalization）一概念的提出。[1]"全球地方同在性"是全球化与地方性的一种辩证动态。

在"全球地方同在性"的概念架构下，我们可以想象华人族群所建立的现代性，一方面应该是有全球性的；另一方面，亦应该是有华人的文化特性的，这也就是说全球社会实际上是一多元现代性，是一多元文明的结构。[2]一个有生命力的全球社会，它必须有一些共同的价值观，但也必须同时包容文化上的差异性或多元性。从这个观点来说，在现代性的全球化趋势下，华人族群自然而然地会寻求建立一个华族的现代文化的身份与认同。在这样的一个理解上，我们对于当代华人的高等教育应该持怎样的看法呢？如前面所述，当代华人社会教育基本上所采的模式是西方启蒙方案以来的科学知识的文化范典，而今天的高等教育有朝国际化方向发展的内在需要，亦即

---

[1] Roland Roberston, "Globalization: Time-Space and Homogeneity-Heterogeneity", M. Featherstone, S. Lash & R. Roberston eds., *Global Modernities*, London: Sage Publication, 1995, pp. 25-44.

[2] 亨廷顿的"文明冲突论"引起不少的争议。但应指出，在现代性的全球化趋势中，他清楚地看到，全球不会，事实上也没有出现单一的文明。不止乎此，他甚至强烈地批评西方人的西方文化有普世性的信念，认为这种信念是虚假的、不道德的，甚至是危险的。见 Huntington 前引书，pp. 310-311。

高等教育，像经济一样，已形成一种国际体系。这个发展不但无可避免，并且也是应该鼓励支持的，但高等教育对于华人的族群的文化身份与认同之建立，有重大的关系，因此，华人的高等教育在国际化的同时，在担负现代大学普遍的功能之外，如何使它在传承和发展华族文化上扮演一个角色，乃至于对建构华族的现代文明秩序有所贡献，实在是对今日从事华人高等教育者的智慧与想象力的重大挑战。[1]

1998 年 7 月 7 日

---

[1] 香港中文大学成立于 1963 年，当时香港仍是英国殖民地，但中文大学创立之始，创校校长李卓敏博士即提出"双文化""双语言"的政策，主张"结合传统与现代，融会中国与西方"。显然，自成立以来，中文大学一方面有意识地要成为一所国际性的大学，一方面又要是一所中国人的大学。中文大学在人文与社会科学方面固然强调中国文化的传统与创新，在通识教育中，不仅给予具"实践理性"的价值教育一个位置，更使中国文化的课程为全校学生所必修。在一定意义上，中文大学所做的是一所华人大学在现代教育面对挑战时的一个回应。我不敢说中文大学的回应是成功的，但它确是做了有意识的努力。

学术自由、学术独立与学术伦理

1. 学术自由与大学之理念

学术自由（academic freedom）是自由的一种。它是根源于"思想自由"的一种特殊形式的自由。学术自由的基本意义，是指大学（或其他高等学府）教师有发表、讨论学术意见而免于被除识之恐惧的自由。[1]学术自由与大学之理念或功能有密切的关系。大学的理念是一个"知识性社会"（intellectual community）。[2]它的功能则在发展知识、追求

---

〔1〕 参阅 *International Encyclopedia of the Social Sciences* 中 G. R. Marrow 所撰"学术自由"条。

〔2〕 德国哲学家贾斯佩斯在《大学理念》一书中指出大学是一"知识性社会"（Karl Jaspers, *The Idea of the University*, ed. by Karl Deutsch, London: Peter Owen, 1960）。前芝加哥大学校长哈钦斯特别强调大学之为"知识性社会"（转下页）

真理。以此，大学必须提供一个为教师自由教研，为学生自由研学的环境。盖非如此，大学之理念固无由彰显，大学之功能也难以发挥。从而，在学术自由的概念下，大学的教师有从事思考、研究、发表和传授其对真理之一见一得的自由。这种自由除了受基于理性方式产生的纯学术行规与权威的制约外，不受其他规制或权威的干涉与控制。[1]所应强调的，学术自由并不是大学教师的特权。大学教师之所以应有学术自由，乃源于大学教师之特殊的性格与功能。剑桥大学的阿什比爵士说：

> 在文明的国家里，学术自由已发展为一种受到特别保护之思想自由的角落。它并不是学术界有些人士所宣称的乃个人的特权。学术自由是一种工作的条件。大学教师之所以享有学术自由乃基于一种信念，即这种自由是学者从事传授与探索他所见到的真理之工作所必需

_____

（接上页）的理念。他认为只有大学维护其"知识性社会"的性格，才能实现它历史的使命，也唯为此，大学之主张"学术自由"才有其理论基础（见 R. M. Hutchins, *The Learning Society*, Pelican Books, 1970, pp. 112, 114）。又参阅本书第一文。

[1] 参见 Sidney Hook, "Academic Freedom and Academic Integrity", in *Political Power and Freedom*, New York: Colliers Books, 1962, pp. 349-364。

的；也因为学术自由的气氛是研究最有效的环境。[1]

莫罗（G. R. Morrow）指出，一个社会如果相信其安定、繁荣与进步需要依赖知识的创新发展，而又不赋予大学以学术的自由则是显著的矛盾。他说："学术自由之存在，不是为了大学教师的利益，而是为了他服务的社会的福祉，最终则是为了人类的福祉。"[2]

在今天，学术自由的概念，在自由社会已经相当被肯定了。但学术自由，像思想自由一样，是经历了漫长的崎岖险峻之历史而发展出来的。学术自由不是与大学之诞生而俱来的。现代的大学是中世纪的产物。中世纪大学是中世纪里一盏盏的明灯，是西方知识的中心。但不能忘记，中世纪是宗教当阳称尊、弥天盖地的世界。大学是教会的附属品，大学教师几全为僧侣，学术是受制于宗教教义与权威的。13 世纪以后，宗教法庭对异端思想之逼害，史不绝书，学术自由是根本谈不上的。就我所知的剑桥与海德堡这两个中世纪大学，稍稍翻阅其

---

[1] Eric Ashby, *Universities: British, Indian, African, A Study in the Ecology of Higher Education*, Harvard University Press, 1966, p. 290.

[2] 参阅 *International Encyclopedia of the Social Sciences* 中 G. R. Marrow 所撰 "学术自由" 条。

校史，便感到学术理性在宗教的教条下难以透发的窒息。16世纪宗教改革，有其革命性的意义，也带来无穷新、旧教义与信仰的斗争，使学术依违失措，艰苦备尝。而其时政教的冲突，更使大学在政治与宗教两种权力的夹缝里险无立锥之地。不过，在政教冲突的局面中，到16世纪末叶，有的中世纪大学如莱顿（Leiden）、海德堡在宗教与政治的开放权威支持或容忍下，已隐隐出现学术自由的观念。此后，到十七八世纪，科学研究开始受到社会的重视，一些非大学的学术组织，如英国的皇家学会（1660）、德国科学院（1700）皆取得独立性的地位。到了17世纪，科学研究进入大学，学术自由的观念从而在大学渐渐发芽。

美国是自由世界的重镇，学术自由在美国也可能最发皇，但在一百年前，学术自由这个概念是不存在的。美国的学术自由传统是从欧洲输入的，特别是从非民主的德意志帝国借取来的。在德国，大学全都是公立的，都受国家的监督。但大学有两个公众所认同的权利，一是Lehrfreiheit（教师的权利），指教师有不受干涉的教学自由；一是Lernfreiheit（研究者及学生的权利），指教师有选择研究领域及学生有选择学校与课目的自由（学生可以自由地从一个大学转到另一个大学）。在19世纪末叶的德国，大学教授地位崇高。贝克尔

（Cerl Heinrich Becker）把大学描绘成"纯粹学术之圣杯的堡垒"，把教授誉扬为"奉事圣职的骑士"。[1]但这是过分浪漫化的说法。德国大学教师皆为国家之公仆；大学之经费皆仰赖政府，学术自由显然受到一定程度的约制。柏林大学哲学教授保尔森（Friedrich Paulsen）认为，国家有权期待科学研究者证实他们的工作是合理与必需的："如他们不愿这样做，他们的工作对既存的秩序言，就是一种危险的倾覆。从而对付他们的措施看来是可行并合理的，因为科学研究的机构不只由公权所创立与维持，并且也是专为培育国家与教会的未来官员的。"[2]其实，德国大社会学家韦伯就觉得德国大学的学术自由之不足，他指出国家教育当局对于教授之聘用有过多的干预。[3]当然，众所周知的，到了1933年，希特勒的纳粹党掌权后，大学的学术自由受到了彻底的摧残。是年4月，1684位教师，或因有犹太血统，或因有反对倾向，全被解职。是年11月，莱比锡大学的教师更发表对希特勒的效忠宣言，并使他们的学科符合纳粹主义的意理框框。一时

---

〔1〕 见 Gordon A. Craig, "Professors and Students", in his *The Germans*, Penguin Books, 1984, pp. 170-189。

〔2〕 同上，p.175。

〔3〕 *Max Weber on Universities*, ed. by Edward Shils, Chicago: University of Chicago Press, 1973.

之间，竟出现了"国家社会主义的物理学""国家社会主义的优生学""日耳曼的语言学"，令人可笑复可哀。至于是年5月10日，在纳粹的导演下，成千的大学生，手举火炬，到柏林洪堡大学门口，他们一口气烧了两万册所谓有"非日耳曼影响力"的书。这些被烧的书有托马斯·曼的、爱因斯坦的、弗洛伊德的。这可说是德国大学史中最可悲的一章。在世界大学史上，"文化大革命"有更强烈的反智狂热，对学术自由的摧残也更彻底。"文革"以政治污染了大学，使成千成万的知识分子在精神上、肉体上受苦，还关闭了大学，产生了教育断层的恶果。学术不自由之祸害不可谓不大矣，深矣。

从上面这些事象中可以看到，学术自由是与社会的一般自由不能截然分开的。当一个社会失去了自由时，学术自由是毫无保障的。只有在一个开放的民主法治社会，学术自由才有实现发展的机会。

2. 学术自由与制度性保障

"学术自主"（academic autonomy）与"学术自由"是两个不同但有千丝万缕关系的概念。如果说"学术自由"是大学的精神，则"学术自主"便是大学的灵魂了。在西方大学里，有自主性的大学自可以剥夺其某些教师的学术自由（如19世纪初叶的牛津）。反之，没有自主性的大学也能保障其学术自由（如德国洪堡时期普鲁士的大学）。不过，大学之自主性，像学术自由一样，在成熟的现代民主社会是普遍地受到尊重与支持的。前面已指出，在中世纪，大学是教会的附属，学术是宗教的婢女，学术并没有一个自主性的领域。它与教义分不开。所以，教权主义（clericalism）是对学术自主性的最大障碍。

当理性主义兴起后，在巨大的世俗化的趋势下，政教分裂，过去宗教弥天盖地的现象已有了改变。"上帝的归上帝，恺撒的归恺撒"，就说明政治已独立于宗教之外，这也就是宗教的新的"定位"。学术虽然从"教权主义"中逐渐解放出来，但它却受到政治的干预。大学原是教会创立，现在则为国家所创建或属有。政治固然从宗教世界中取得独立，但政治本身的势力却一直膨胀，只有在现代民主法治国家中，政治才有其界限与"定位"，而"社会"亦可显现其独立的性格。当政治有其定位时，学术的自主才能有免被政治干预的可能性。我同意阿什比爵士所说，学术自由与学术自主在最终意义上，都是依赖民意的，唯有当民意了解大学为何而设立，并予以尊重时，学术自主与自由始能获得保障。[1]但是，这一说法只有在民主法治的社会才有意义。在极权主义的国家，不论是左翼的或右翼的，都是属于"泛政治主义"，政治无所不包，国家（或党）之权力了无界限。国家与社会几乎是重叠的。亦即社会非独立于国家之外另有天地。在这种情形下，大学只是国家或政治权力的学术工具，一种培养"人力"、富国强兵的工具。大学自主或学术自主的观念根本没有存在的余地。我们可以说，在 20 世纪，学术自主最大的阻力来自政治，来自行使政治权力的党或国家机构。在纳粹主义的德国，我们已经看到德国的学术自由与大学自主的传统，受到右翼的极权主义如何的摧残与打击。在左翼的极权主义的斯大林时代，学术的自主性也是一种虚幻。最著名的莫过于李森科（Trofim D. Lysenko）事件了。李森科是一个粗鲁而野心勃勃的农学专家。他对遗传学只是略识于无，他摭拾米丘林（I. V. Michurin）的理论（环境可以改变植物的形质遗传），但由于获得斯大林的宠信，压制了一切相反的理论，建立起一种"科学的专制"，对苏联的优生学、生物学、植物学产生长远性恶果。在斯大林时代，科学是与政治结为一体

---

[1] Eric Ashby, *Universities: British, Indian, African, A Study in the Ecology of Higher Education*, Harvard University Press, 1966, p. 293.

了。[1]萨哈罗夫（A. D. Sakharov）与一些有独立精神的科学家，曾对"李森科主义"不假辞色地抨击，沙克洛夫的奋斗即在为"思想的自由"、科学的自主而努力，他抵制政治对科学的干扰，反对科学的"国家教条"的建立。[2]沙克洛夫的精神是英勇而高贵的，但面临巨大的极权机器，他的命运注定是带有悲剧色彩的。

从上面简要的论述中，我们已不难发现学术自主的观念的建立在"泛政治主义"的社会是何其困难。实则，即使在民主社会，学术自主也常受到各种有形无形的力量的侵蚀。二次大战以来，美国大学的研究越来越需大量的经费，越来越与政府、工业挂钩，以至出现"军事-工业-学术的复合体"（military-industrial-academic complex）的现象。这一现象对大学的科学研究与发展固有某些推动的效果，大学与大学教师固也不必都会有"I sing the tune of him whose bread I eat."（有奶便是娘）的心态，但对大学的自主性无疑是有腐蚀作用的。[3]不能否认，美国的许多私立大学都在不同程度上受到宗教或商

---

〔1〕 B. D. Wolfe, *An Ideology in Power*, London: George Allen & Unwin, 1969, pp. 310-325.

〔2〕 A. D. Sakharov, *Progress, Existence and Intellectual Freedom*, Penguin Books, 1969, p. 14.

〔3〕 James Ridgervey, *The Closed Corporation: American Universities in Crisis*, New York: Random House Inc., 1969. 有龚念年的中译本《美国大学的危机》，香港：文教出版社，1974。

业团体的掣肘，而大多数的州立大学在州议会的监督与预算的控制下，也无法享有太高的自主性。其实，在美国始终潜藏着一种"反智主义"（anti-intellectualism），大学常不免受到左右极端主义的影响。60 年代以还，大学更有"政治化"的倾向，校董会、教师及学生中不乏有人喜欢把他们的政治观点与标准放到学术知识的问题上，而不能掌握到学术与非学术的分际，此无疑亦会影响大学的自主性。[1]诚然，如阿什比爵士的研究指出："在今天，没有一所大学可以期望有完全的自主，犹如一个独立国家或一个自治的市（镇）一样。"[2]比较地说，英国的大学制度是很措意于学术之自主性的维护的。英国大学皆为公立的，但国家不干预大学校政。在政府与大学之间有一"大学拨款委员会"（University Grants Committee）。委员会由学术界及社会人士组织，有独立地位。大学定期向该委员会提出学术计划，该委员会则就社会之需要、公帑之妥善运用、学术之自主性等为原则，向政府建议拨款。"大学拨款委员会"之设计，旨在维护大学之自主性的计划与管理。大学之自主性包括：教职员与学生之甄选、课程与学术质量之控制、研究款项

［1］ 参见 E. Brzezinski, *Between Two Ages*, New York: AV King Books, 1970, pp. 251-252。

［2］ Eric Ashby, *Universities: British Indian, African, A Study in the Ecology of Higher Education*, Harvard University Press, 1966, p. 294.

的收受等。尽管在英国制下，大学也不能完全地不受到政府政策的影响，但大学内部的学术事务则确有高度的自主性。据我所知，香港中文大学即享有充分的学术自主的地位。我觉得这个制度的设计，很值得华人社会的其他大学（特别是公立的大学）借镜参考。从长远与实效的观点看，大学之享有学术自由与自主必更能发挥它的功能，对国家社会的发展必更多积极的贡献。

3. 学术之定位与学术伦理

"学术自由"和"学术自主"与大学之为"知识性社会"，以及大学之为发展知识、追求真理的地方，这个认识是不能分开的。更进一步说，大学要发挥大学的功能，还必须讲"学术伦理"（academic ethic）。所谓学术伦理即是学术活动的本身的规范。当社会结构达到一定程度的分殊化（differentiation）后，就会出现制度的多元化现象：政治、宗教、经济分别取得自主性的性格。亦即各种制度性行为都有其领域与"定位"。学术伦理自不同于政治伦理、宗教伦理或经济伦理：把学术与非学术分开来是建立学术自由、学术自主与学术伦理的重要步骤。在这一点上，蔡元培先生当年办北京大学时，就很清楚地意识到这个分际了。他在《答林琴南书》中，曾提出他办大学的二种主张：

一、对于学说，仿世界各国大学通例，循"思想自由"原则，取兼容并包主义。无论何种学派，苟其言之成理，持之有故，尚不达自然淘汰之运命者（意即谓其仍具有学术上之价值，而未经科学证明其为谬误者。）虽彼此相反，而悉听其自由发展。

二、对于教师，以学诣为主。在校讲授，以无背于第一种之主张为界限。其在校外之言论，悉听自由。本校从不过问，亦不能代负其责任。例如复辟主义，民国所排斥也，本校教员中，有拖长辫而持复辟论者，以其所授为英国文学，与政治无涉，则听之。筹安会之发起人，清议所指为罪人者也，本校教员中有其人，以其所授为古代文学，与政治无涉，则听之。嫖赌娶妾等事，本校进德会所戒也，教员中间有喜作侧艳之诗词，以纳妾挟妓为韵事，以赌为消遣者，苟其功课不荒，并不诱学生而与堕落，则姑听之。夫人才难得，若求全责备，则学校殆难成立。

蔡元培先生把学术与非学术的分开来，这是为学术"定

位"的大工作。只有在学术定了位之后，才能讲学术的自由与
学术伦理。蔡先生能在当时"泛政治主义"与"泛道德主义"
流行的中国，有意识地"把学术的归学术，把政治的归政治，
把道德的归道德"是很了不得的。在中国文化影响下的知识
界，把学术与政治分开还不算太难，但要把学术与道德分开则
真需要反省的卓识。钱宾四先生指出中国的学问传统向来有三
大系统。他说：

> 第一系统是"人统"，其系统中心是一个。中国人
> 说："学者所以学做人也。"一切学问，主要用意在学如
> 何做人，如何做一有理想有价值的人。第二系统是"事
> 统"，即以事业为其学问系统之中心者。此即所谓"学以
> 致用"。第三系统是"学统"，此即以学问本身为系统者，
> 近代中国人常讲"为学问而学问"，即属此系统。[1]

以此可见，中国何以向来把"尊德性"与"道问学"并提，亦
即道德与学术实为二而一、一而二者。此与现代大学为"知识

---

[1] 钱穆：《有关学问之系统》，见钱穆：《中国学术通义》，台北：学生书局，1977，
第 225 页。

性社会"之理念有别,亦与"学术自主"之概念有别。在这一点,唐君毅、徐复观、牟宗三与张君劢四先生在 1958 年发表之《我们对中国学术研究及中国文化与世界文化前途之共同认识》宣言中,曾有很深刻的反省。他们在谈到"中国文化之发展与科学"时指出:

> 然而我们仍承认中国的文化,缺乏西方科学者,则以我们承认西方科学根本精神,乃超实用技术动机之上者……中国人欲具备此西方理论科学精神,却又须中国人之亦能随时收敛其实用的活动,暂忘其道德的目标……今认清此点,则中国人不仅当只求自觉成为一道德的主体……更当兼求自觉成为纯粹认识之主体。

依此种精神以言中国文化之发展,则中国文化中,必当建立一纯理论的科学知识之世界,或独立之科学的文化领域;在中国传统之道德性的道统观念之外,兼须建立一学统,即科学知识之继承不断之统。[1]

---

[1] 见唐君毅:《中华人文与当今世界》(下册),台北:学生书局,1975,第 899、900 页。

求"学统"之建立，最基本的便是要建立学术自主性的观念。学术自主性或学统之树立，则必须排除"学术的政治化"及"学术的道德化"。学术政治化的弊病，本文已有论及，学术道德化的弊病则是把学术与道德这两个不同领域混淆在一起了。当然，反对"学术道德化"并非意谓从事学术活动可以不要讲道德，只是说学术与道德分属两个不同的领域，应各有其定位。从事学术活动亦正需有其道德之规范，正如从事政治活动亦需有其道德之规范，在前者为"学术伦理"，在后者为"政治伦理"。在现代社会如何替学术、政治定位固然是头等大事，但如何为学术政治建立其分别之伦理则更是急切而重要的工作。据我接触所及，韦伯可能是对此问题最早做过深刻的思索者。[1] 韦伯强调"价值判断"与"经验知识"两者之关系及其区别；他认为大学教师在表达其道德性与政治性的见解时，必须把"事实"与"判断"厘清，这是"知识的真诚"，也可说是一种学术伦理。但韦伯提出的"价值中性"（value-nutrality）观念引起了学术界多年的争论，迄今未息，到底什么

---

〔1〕 韦伯对"政治伦理"与"学术伦理"的思索在他《政治作为一种志业》及《科学作为一种志业》二文中可见一斑。见 H. H. Gerth and C. Wright Mills eds., *From Max Weber*, New York: Oxford University Press, 1958, pp. 77-158 及前注所引韦伯《论大学》之书。

构成学术伦理的内涵呢？这确不是易于界定的。

法国生物学家莫诺则直截了当地以"科学方法"为学术伦理之范典。[1]莫诺的"科学方法"主要是指对真理追求之真诚不欺，盖一个人对真理与知识绝对真诚乃至进入宗教感时，则真正达到言行一致、表里无违的田地，再者，一个有知识真诚者，必能尊重客观证据，一以理性为导引，必不会曲学阿世。"知识真诚"之为学术伦理的重要组成是可以同意的，但大学之学术研究，特别自原子弹爆炸以及遗传工程方面的突破性发展之后，已越来越涉及道德伦理的问题。对伦理问题之敏感与关切，不只限于自然科学，在社会科学中也一样。社会科学之研究引致侵害个人之自主性与隐私权的可能性，并有为不合理的建制体系之镇压、统治能力提供新资源的潜在危机。[2]各种学会已自觉地研拟职业上的"伦理规则"（codes of ethics），但学术研究，特别是其实用生产上引起的伦理困境常非一些"伦理规则"所能适应。今天，学术伦理的问题不可避免地要从根本上问：学术（或科学）之终极功能为何？如果科

〔1〕 Lord Ashby with G. R. Urban,"A Hippocratic Oath for the Acadamic Profession", *Freedom at Issue*, No.33. Nov.-Dec. 1975, pp. 20-28.

〔2〕 J. A. Barnes, *Who Should Know What?: Social Science, Privacy and Ethics*, Penguin Books, 1979.

学（学术）之发展应该是为了人类之福祉，那么学术活动应不只为了满足科学家知识的好奇心，甚至也不应以发明为目的之本身为已足。[1]从而，学术虽应为一自主的领域，但它已不能仅以"知识之真识"为学术伦理的充足内涵，而必须寻找学术或科学之外的伦理的立足点。这无疑是大学面临的新的挑战性课题。

　　（1987年1月16日在香港中文大学崇基学院周年教育研讨会上做名为"学术自由与社会"的演讲，本书据此扩充写成。）

[1] D. MacRae Jr., *The Social Function of Social Science*, New Haven: Yale University Press, 1976.

在世纪之交谈大学之理念与角色

1. 前言

在 20 世纪即将逝去，21 世纪瞬即来临之际，来谈大学之理念与角色，我觉得应特别把握两个视野，一是历史的视野，一是全球的视野。

从历史的视野来考察，世界各个大文明，在前现代时期，都有一种教育性的组织体，类似今日的大学。希腊、中国与阿拉伯国家都有分别独立的发展。在中国，西汉武帝从董仲舒之请，创立太学，设置五经博士教授，在东汉最盛时，太学生达三万人。董仲舒在《举贤良对策》中说："夫不素养士而欲求贤，譬犹不琢玉而求文采也。故养士之大者，莫大乎太学。太学者，贤士之所关也，教化之本原也。"太学实是国家养贤之所。从魏晋到明、清或设太学或称国子学（国子监），都是当时的最高学府。清末叶，中日甲午战败，乃有戊戌维新变法运动。维新变法中之重要措施，就是废科举、立学校。1898年京师大学堂的开办，可说是中国现代大学之发轫。1912 年，京师大学堂改名北京大学。[1]

今日我所讲中国的大学，不能不从北京大学讲起。北京大学之源头不是汉代的太学，北京大学之源头是在西方。北京大学是戊戌维新之产物，是西化的产物。[2] 而在西方，今日大学之直接源头不在希腊，而在欧洲之中世纪。[3] 论者认为今日大学只有一个共同的世界性的学术模型，此即欧洲大学的模型。首建于 12 世纪的意大利与法国，其后虽历经修革，但仍为大学之普遍模式。[4] 此一大学之普遍模式，八百年来，固然有其强劲的持续性，但也有几次重大的转化。中世纪大学之原型有浓厚的世界精神，然而拿破仑之后，在民族主义影响下，

〔1〕 梁柱：《蔡元培与北京大学（修订本）》，北京大学出版社，1996 年，第 22 页。

〔2〕 诚然，赋予北京大学之现代精神与生命的是蔡元培先生，而蔡元培认为"世运日新，学风不变，吾国教育不能不兼容欧化"，但他又是从开始就主张对西方学术要吸收而同化，"以保我性，发展我性者"，所以，我认为蔡先生是中国大学之现代化的前驱。参卜引梁著，第 130、132 页。

〔3〕 参见本书自序。

〔4〕 P. G. Altbach, "Pattern in Higher Education Development", in P. G. Altbach, P. O. Berdahl & P. J. Gumport eds., *American Higher Education in the Twenty-First Century*, Baltimore: The Johns Hopkins University Press, 1999, p. 16.

大学之性格即转向族国本位，而 20 世纪以来，不只大学之组织结构有变，大学之理念与角色也有变。

从全球的视野来考察，我们会发现大学之原型虽然有世界精神，但事实上却不能不受到其历史文化的影响，而中世纪大学之视野也不能完全跳出欧洲。值得注意的是，大学之内在逻辑是要摆脱文化的制约性的。中世纪大学的神学（基督教）就是跨文化、跨国界的，现代的科学则更是超越国界与文化的。所以，现代大学尽管有民族国家的印记，但较之其他的组织体，总是具有较大的开放性与国际性。20 世纪 70 年代之后，由于全球化的趋势，大学的世界性格将更深化，的确，大学在某个意义上，比跨国公司具有更大的全球取向。毋庸讳言，大学一方面有它的世界性，一方面有它的族国性，两者如何达致一个平衡将是越来越需面对的课题。近年来，由于资讯科技之发展，已出现所谓"全球教室"（global classroom）、数字大学（cyber-university），可以想象的是，资讯科技在 21 世纪将对大学之理念与角色产生新的挑战与影响。

2. 大学之理念与角色的演变

大学之理念在根本上是大学之目的，是大学之内在逻辑，是大学存在之最后理由，而大学之角色则指大学在社会中的功能，是大学对外在世界所产生之作用。大学之理念与大学之角色是相关的，但二者有时吻合，有时则可以有偏离，甚至有冲突，大学之理念与角色并非一成不变的，事实上，它是随历史的发展而演变的。

大学之存在已有悠久的历史，但第一个专门讨论大学理念的是 19 世纪的牛津学者纽曼，他在《大学的理念》一书中认为大学是一个提供博雅教育、培育绅士的地方，他以为大学之目的在"传授"学问，而不在"发展"知识。他说："如果大学的目的在科学与哲学的发明，那么，我看不出为什么大学应该有学生。"他心目中之大学应是着重对文化传统之保持，大学之目的则在对一种特殊形态之人的"性格之模铸"，故纽曼的大学之理念显然以大学是一个"教学"的场所，是一个培育"人才"的机构，也是一个保存文化传统的地方，这个理念与中世纪大学所扮演的角色是契合的，到今天为止仍然是留给大学教育一项重要的遗产。

19 世纪末时，大学之角色开始巨大的变化，这一改变始于德国，德国大学亦由中世纪一脉相传而来，但到了 19 世纪末叶时，在洪堡及阿尔特霍夫等人的革新下，柏林大学首先改制，摆脱中古的学术传统，标举大学的新理念。他们的大学的新理念就是以大学为研究中心，教师的首要任务是从事"创造性的学问"。这个大学的理念与纽曼所怀抱者迥然不同。因为他所重者在"发展"知识而不是在"传授"知识。德国这种大学的新理念影响到欧洲各国，并对美国发生巨大的冲击。中国现代的教育家蔡元培之改革北京大学就是以德国大学为模式的。蔡元培在就任北京大学校长的演说中，阐明大学之性质说："大学者，研究高深学问者也。"[1]吕思勉认为"在他（蔡元培）主持北京大学以前，全国的出版界，几乎没有什么说得上研究两个字"，认为他之提倡学术研究是"孑民先生不朽的功绩"。[2]不是偶然的，蔡元培先生也是创立中央研究院的首任院长。

德国大学的新理念，在美国现代大学的先驱者弗莱克斯纳的书中获得系统性的阐扬，弗莱克斯纳在其1930年《大学》一书中，开宗明义就标举出"现代大学的理念"。他特别强调"现代大学"，以别于早他七十几年的纽曼之"大学"。弗莱克斯纳肯定"研究"对大学之重要，肯定"发展知识"是大学重大功能之一。但他却没有轻忽大学之"教学"功能，他说："成功的研究中心都不能代替大学。"在

---

〔1〕 梁柱:《蔡元培与北京大学（修订本）》，北京大学出版社，1996年，第40页。
〔2〕 同上书，第177页。

他心目中，大学之目的不只在发展知识，也在培育人才。不过，他反对大学训练"实务人才"，反对大学开设职业训练之课程，他甚至认为哈佛的商业学院"夸张而危险"，应该从哈佛分开出去。他更极力反对大学成为社会的"服务站"（service station）。弗莱克斯纳之大学的理念在美国造成深刻的反思，尤其在医学教育方面促成了一连串的改革，提高了医学教育的水准。弗莱克斯纳"现代大学"的理念，第一次把高阶教学与研究结合在一起，值得注意的是，在弗莱克斯纳高度推崇德国模式、猛烈抨击美国大学鼓吹"现代大学"的新理念时〔1〕，美国的大学在霍普金斯的吉尔曼、哈佛的艾略特等人的改革下，借鉴德国大学，大步伐地独立发展，已隐隐站在世界大学的前沿。二次大战之后，美国大学之发展与其国力交光互影，发展尤为突出。美国大学一方面承继德国大学重研究之传统，一方面也承继了英国大学重教学之传统，我们可以说，有规模的美国大学的研究院与大学本科的二重结构，就是美国采择德、英模式而结合设计的，这个设

---

〔1〕 他说，不是哥伦比亚，不是哈佛，不是霍普金斯，不是芝加哥，也不是威斯康星，而是一所真正的大学，它们当中没有一所具有目的之统一性或建制的同一性。参见 A. Flexner, *Universities: American, English, German*, with Introduction by Clark Kerr, Oxford: Oxford University Press, 1968, p. 179。

计也已成为今日世界各国大学的模式。今天，美国大学不但
在量上是世界之冠，在质上言，其一流学府，如哈佛、伯克
利、耶鲁、芝加哥、斯坦福等较之欧洲任何大学亦毫不逊
色，甚或更有过之。哈佛的罗索夫斯基自豪地说"三分之二
世界最佳的大学坐落在美国"。平心而论，这并非夸大之言，
他所指最佳大学是指世界公认的五十到一百所名校而言。[1]
前加州大学校长克尔，是香港中文大学校董会的终身董事，
我认为他可能是对当代大学最有研究的教育家，他 1964 年
的《大学之功用》(*The Uses of the University*) 一书是了解当
代大学不能不读的书。克尔选择用复数的"功用"(uses) 一
词来讲大学是有意思的。既然讲"功用"，他当然理解到大
学可以有"误用"(misuses) 之可能。克尔首先指出当代大
学应面对新的"角色"，大学必须严肃地审察它所身处的新
的"现实"，这个新的现实就是一个普遍的共识，即"新知
识是经济与社会成长的最重要的因素。而大学的不可见的产
品——知识，可能是我们文化中最有力的单一因素，它足以

---

[1] Peter Costa ed., *Q & A: Conversations with Harvard Scholars*, New Century Publishing Co. Ltd., 1991.《哈佛学者》，蔡源林等译，台北：立绪文化事业有限公司，1999，第 450 页。

影响到职业，甚至社会阶级、区域、国家的升沉"。[1]社会学者贝尔（Daniel Bell）指出，在美国，大学已变成社会上一个有支配力量的重要的制度，它已是社会主要的服务机构，不只训练人才，并且也是政策咨询的主要来源。[2]这个基本的现实指出，社会对大学知识生产的要求是前所未有的，大学也因而成为"知识产业"的重地，成为社会的主要的服务中心。今天我们讲"知识经济"，讲"知识社会"，它们的主要资源都必然来自大学，可以说，就因为这个现实，大学之角色与理念都有了变化。

今日的大学固然不再是纽曼心目中的大学，它也不再是弗莱克斯纳所讲的"现代大学"，克尔认为今日的大学之功能已不只在"教学"与"研究"，并已扩及"服务"。他认为早期大学之目的是局限的，今日大学之目的则是多元的，今日之大学已成为一个多功能多面向的多元性组织体，克尔为它取了一个新名词，就是 multiversity（一般译为"综集大学"），克尔说纽曼的古典大学像一个村，弗莱克斯纳的现代大学像一个镇，当代的综集大学则像一个城市。当然，综集大学的角色繁

---

〔1〕 Clark Kerr, *The Uses of the University*, New York: Harper Torch Books, 1964, pp. vi-vii.

〔2〕 Daniel Bell, *The Cultural Contradiction of Capitalism*, New York: Harper Basic Books, 1976, pp. 103, 198.

复得多，而它的理念自然也有所不同了。

3. 大学与社会之互动

今日大学起源于西方中世纪，迄今已七八百年，一件有趣的事是，像意大利的博洛尼亚大学，法国的巴黎大学，英国的牛津、剑桥等中世纪大学，历经了几多王朝的变革、革命的激荡，仍然巍然存在，并显发其生命力。即使在美国这个年轻国家，像哈佛、耶鲁等的生命也有三四百年的历史。诚然，大学是一种极有韧力的组织，但是，大学之生命与发展毕竟与其社会息息相关。整体地讲，在 19 世纪之前，大学在社会上只处于边缘性的地位，但进入 20 世纪之后，大学在社会上的地位越趋重要，如前所述，已成为社会之中心。[1] 在 19 世纪之前，大学服务的对象常为社会上少数人，或上层精英人士，或是少数的专（职）业团体，如宗教、法律、政府文官。但 20 世纪，特别是二次大战以来，全世界，特别是在美国，大学在与社会的互动下，发生了巨大的转化。[2] 最显著的是大学生人

---

〔1〕 再参 C. Kerr, et al., *Higher Education Cannot Escape History*, New York: State University of New York Press, 1994, pp. 43-44。

〔2〕 美国大学之几次大转化，参见 C. Kerr, *The Great Transformation in Higher Education, 1960-1980*, New York: State University of New York Press, 1991。

数大大地增加了，大学的数目大大地增加了。世界大学生人数由 1950 年的 660 万增至 1988 年的 5800 万，预计在公元 2000年，全球的大学生人数将增至 8000 万（台湾地区在 1952 年的大学生人数是 8.6 万，到了 1988 年已增至 181 万）。大学数目由 1940 年的 3500 所增至 1988 年 26000 所，可以预言，到了 21 世纪初，世界大学的数目将持续增加。应指出者，这些大学的素质当然是参差不齐的；但几乎是很少有例外的，大学教育（或应说是高等教育）发展得最快的都是在所谓的发展中国家。特罗（Martin Trow）在 1975 年指出高等教育正经历着转型，即由"精英"转向"大众"再转向"全面"，美国于二次大战后不久，在相关的年龄群（18—22 岁）中进入高等教教的有 30%，欧洲则只有 5%，仍维持精英制，但到 60 年代，欧洲已增加到 15%。至 1970 年，瑞典达 24%，法国达 17%，而美国则已达 50%，接近"全面"入学的地步。[1]

　　大学数目自 1950 年以来在发展中国家的增长是极堪引人注意的。从 1950 年到 1975 年的二十五年中，澳大利亚由 175

〔1〕　M. Trow,"Problem in the Transition from Elite to Mass Education", paper prepared for a Conference on Mass Higher Education held by the Organization for Economic Cooperation and Development, 1975. 见引于 P. G. Altbach, *Pattern in Higher Education Development*, op. cit., p. 20。

增至 279，加拿大由 181 增至 256，德国由 136 增至 235，瑞
典由 16 增至 132，英国由 207 增至 300，美国由 1851 增至
3026。台湾地区在同时期由 8 增至 100。[1]大学或高教这样快
速的发展，原因很多，高教大众化与教育的民主化无疑是有
关的，但最大的发展的动力，显然是与大学之角色，或社会
要求大学提供的功用更有关系。一个国家或社会的现代化是
与教育成正比的，而一个国家或社会为了增加生产力也促进
了大学的发展。在发展的工业国家，劳动市场所需的劳动力
越来越要有高教的知识水平，以美国论，1950 年约只需 12%，
到了 90 年代，则已增加到 30%，这反映在专业、行政或技术
方面的工作上。从大学发展的角度来看，大学从来没有像今
日那样被国家和社会赋予如此多如此大的任务，不但社会上
不同的职业和专业需要大学提供越来越多较高知识水平的人
力，国家也需要大学提供高教水平的人力来为国家的现代化，
或为国家在国际上增加竞争力。"人力资源"已被普遍视为国
家或社会发展的最重要的因素，而大学则是提供高素质人力
资源的最主要的地方。正因为如此，各个国家才出现对大学

---

[1] 资源见 C. Kerr, *The Great Transformation in Higher Education, 1960-1980*, New York: State University of New York Press, 1991, p. 93; *Taiwan Statistical Data Book*, by Council for Economic Planning & Development, 1998, p. 268。

的越来越多的"投资"。

由于社会的变迁，由于回应社会与国家对大学有各种的需求与冲击，20世纪的大学不断地扩大了它的角色与功能，大学在专（职）业的学科训练上大大增多了，在实用性知识领域的发展早已远远超出弗莱克斯纳"现代大学"的理念视野。今天几乎美国所有的一流大学中都有商业学院，并且在大学中的地位越来越重要。专（职）业化是过去二十年中一个重要的趋势。世界各国几乎都有一个共同的信念，即大学课程必须为各种各样越来越复杂的工作提供相关的训练。[1]最近中国大陆提出"科教兴国"的口号，重点是科技与教育，这也是今天世界各国振兴国力的一个方向。说到科技，长期以来，古典大学像牛津、剑桥都排斥和轻忽科技，以技术重实用，不登大雅之堂。这里应指出，英国是一个工业化国家，但工业革命却是在大学门外发生的，英国的工业力量不来自大学的科学教育。在50年代，丘吉尔震惊于美苏技术的飞跃发展，乃开始对技术正视，1956年的白皮书是技术教育的绿灯，继而技术学院纷纷成立，而罗宾斯报告书，且承认了九个高级技术学院（CATS）的大学地位。今天，科技已经普遍

---

〔1〕　见前引 P. G. Altbach 文，p. 26。

地成为大学知识结构的一个组成。就大学教学与研究来说，不但再没有轻忽"实用性"知识的现象，实用性知识已与纯理论知识完全等量齐观了。

就上面的讨论，我们知道，今日大学的"功用"已经涵盖了教学、研究和服务三个领域。说到这里，我应该对大学之"功用"的发挥作一厘清，我上面所讲"大学"之理念与角色之变，主要是就 19 世纪以来的传统大学而说的，二次世界大战之后，大学的通称实已涵括"高等教育"的整个体系。我们应了解，大学"功用"涉及的三个领域，并非所有提供"高等教育"的学校都能够做得到，更不必说都能做得好了。事实上，大学的功能已高度分化，因此，高等教育体系就有"分类"与"定位"的必要。有的大学可以在教学、研究和服务三方面都做，但大多数的大学则只能偏重其中一方面或两方面。此所以当今大学出现了各种的性格与形态，如综合型大学、研究型大学、教学型大学、博雅学院和社区学院（community college）等等。就我所知，由克尔教授领导设计的"加州高等教育总体计划"（A Master Plan for Higher Education in California, 1960—1975）对大学的定位做得最完整，也是最受重视的。加州大学有九个校区，都是教学与研究为主的，是综合型／研究型的大学，加州州立大学则以教学为主，是教学型大学，而社区学院则以学习技能为主。加州的模式是很值得大家参鉴的。今日大学越来越多而性格殊异，每一所大学要办得好，要有"卓越"的表现，则不能不在定位上把握得紧，不能不在理念与角色上找到自己的位置。

4. 大学"功用"的问题

大学之"功用"，不论在教学、研究或在服务，都脱不开知识。"教学"是保存、传授知识，"研究"是发展、创造知识，"服务"是知识之应用。这在抽象的层次上是很易明白的，也不会有太多争议的，但在具体的运作层次，则这三个领域分别涉及种种复杂的问题，也往往是争议的焦点，这里不能深入一一讨论，只能举几个例子来说，就大学"教学"的功能而言，其目的是培育人才。培育人才，是教育做人，也是培育社会的公民，这就牵涉传授的知识的内涵的问题了。贝拉指出，"科学知识的文化范典"（cultural paradigm of scientific knowledge）在美国，特别是"研究型大学"中，已当阳称尊，在自然科学固不必说，社会科学在这个范典下，也只重"客观性"，视一切社会问题的本质主要是"技术"性的，而非道德性或政治性的，至于关乎什么是好的人生、好的社会的伦理教育则不再是高等教育的重点。[1] 这情形当然不限于美国的大学，中国的大学又何尝不如此？伦理教育或价值教育在大学中已失位或消失，在最好的情形下，也是边缘化了。这是因为在"科学知识的文化范典"下，价值系统及观念被视为不是"知识"，于是伦理教育或价值教育在大学知识庙堂中的位置也就不确定了。[2] 弗兰克·纽曼（Frank Newman）说："如果美国今天在教育上有危机，这不在考试成绩降低了，而在于我们在培育公民的教育上失败了。"[3] 而哈佛的前校长博克（Derek Bok）及罗索夫斯基都主张大学课程应建立伦理学课程。[4] 显然已感到这个问题的迫切性。

再如在大学传授的知识上，究竟应该多少属于专业，多少属于通识，也是一个大学需要仔细考量的问题。通识教育的重要性是大家承认的，但显然的，由于知识的爆炸与专业化的需求，通识教育的空间已越压越小。美国大学一直以来重视通识，但其比重已从 1914 年的 55%，降至 1939 年的 46%，再降至 1993 年的 33%。如何在大学中使通识教育有一定的位置

---

[1] Robert N. Bellah et al., *The Good Society*, New York: Vintage Book, 1991, pp. 153-163.

[2] 见本书《现代性、全球化与华人教育》一文。

[3] 引见于 C. Kerr et al., *Higher Education Cannot Escape History*, op. cit., p. 31。

[4] 见 Peter Costa ed., *Q & A: Conversations with Harvard Scholars*, pp. 434, 444。

已成为有些大学教育者的保卫战了。

谈到通识教育的保卫战，其实最激烈的还是所谓大学中的文化之战。大学中的文化之战，莫如文化传统的攻防争夺，一个大学到底有哪些关乎文化传统的知识必须加以保有与传继？在中国人的大学中，现代与传统、东方与西方该如何定位？如何取舍？并非不辩自明。美国大学近年来在多元文化革命的冲击下，对于课程安排引起的争论就从校园扩大到社会，纷扰不绝。

若就大学的"研究"与"服务"的功能来说。在美国，曾经争论不已的"军事－工业复合体"（militrary-industrial complex）所造成的问题是大家熟悉的，就在我从事的社会学中，也于1964年曾有卡米洛特（Project Camelot）的事件。这是一个由美国军方背后支持而由大学推动的研究计划，目的是要找出发展中国家（特别是南美洲）内部动乱与革命的原因。这个计划被指是用"研究"包装的美国间谍活动，后因舆论批评、外交抗议、学生示威而被逼取消。这里引发了一些重要的问题，社会学家到底应不应该参与这样的研究？大学到底应不应该从事这样的研究？这涉及价值问题、学术伦理问题，涉及知识为谁、知识为什么的问题，也涉及大学的理念与角色问题。[1]再如近年科学上的发展，如复制羊、复制牛的出现，诚然是知识的突破，但究竟大学应不应该在"复制人"上投入研究呢？这涉及的问题与影响，其复杂性是难以估算的。显然，这不是一个单纯的知识之创造的问题，它触及伦理、法律、社会各方面的问题，甚至触及"什么是人"的问题。如果大学容许这样的研究，则究竟这是大学的"功用"还是大学的"误用"呢？

5. 展望 21 世纪的大学

我们正在跨进 21 世纪的门槛，而 21 世纪必然会加剧全球化的趋势。罗马俱乐部（The Club of Rome）在 1992 年发表了《第一次全球革命》（*The First Global Revolution*），指出人类现在正处于一个新形态的全球社会的初期阶段。[2]不能讳言，20 世纪末叶出现的初期阶段的全球社会实在是一个问题重重的世界。耶鲁大学的肯尼迪（Paul Kennedy）在他的《应对 21 世纪》（*Preparing for the Twenty-First Century*）一书中，显然

---

〔1〕 英国伦敦经济政治学院前院长、德国社会学家戴伦道夫曾为此写了一篇甚有反思性的论文 "Sociology and Sociologist: On the Problem of Theory and Practice"，收入 J. D. Douglas ed., *The Impact of Sociology*, New York: Appleton-Crofts, Meredith Corporation, 1970, pp. 156-176。

〔2〕 中译本见《第一次全球革命》，黄孝如译，台北：时报文化出版公司，1992。

同意威尔斯与汤因比的警告，那就是：全球社会是一个"教育"与"灾难"的竞赛。肯尼迪认为为了准备21世纪全球社会的来临需有三要素，而第一个要素就是教育。[1]

我们可以相当肯定地说，在21世纪，大学在整个教育中必然是重要的，且可能是最重要的一环。可以预见，在充满竞争性的全球局面下，各个国家都必然会对教育增加投资，而大学的经费也必然会在整个教育经费中占一相对高的比重（据1990年联合国教科文组织年报所示，英国占19%，日本占22.2%，加拿大占28.6%，美国则高占40%）。在一定意义上，大学之发展是国力的一个指标，因为大学不只是高质素"劳动力"的来源，也是产生知识最主要的地方。据统计，诺贝尔奖成果中有70%是在一流大学做出的，世界上对国计民生产生重大影响的科技成果，也有70%是在一流大学做出的。有人说21世纪是中国人的世纪，我不知道这是根据什么来说的，我只想说，如果中国人的地区没有五十到一百所一流的大学，那么，这个说法最多是良好愿望的一种自我陶醉。

在全球化的趋势中，大学是任何社会中最前沿的组织

───────────

[1] Paul Kennedy, *Preparing for the Twenty-First Century*, New York: Random House, 1993, pp. 339-340. 中译本见《创世纪》，顾淑声译，台北：天下文化出版公司，1993。

体之一，因为大学是先天上最具世界性格的，诚如胡笙（T. Husen）所说："学术的精神气质（ethos）包含着普世主义。"[1]在这里，我想指出，全球化应该是世界结构中多元现代性的出现，但同时我们也不能不认识到一个事实，即全球化在很大程度上是西方，特别是美国现代性的全球性的扩散。别的不说，现在大学的领域中，我们发现第三世界及亚太新兴的工业国家中有超过一百万学生在美国、英国、法国、德国的大学攻读。这一现象显示了全球化过程中学术文化上不平衡的倾斜。这一倾斜更强烈说明了欧美的优势，也说明了非西方国家的"西化"的倾向性，当然，这些留学欧美的学生也往往是日后成为本国现代化的动力。蔡元培先生就是这方面一个杰出的例子，他留学德国，但他办北京大学是促进中国学术上、教育上的现代化，他还说过："我们一方面注意西方文明的输入，一方面也应注意我国文明的输出。"[2]蔡先生这样的想法应该是21世纪中国的大学所认同的。

我上面提到资讯科技之发展，在21世纪将对大学产生新

---

〔1〕 Torsten Husen, "The Community: Its Nature and Responsibilities", in Stephen K. Baily ed., *Higher Education in the World Community*, Washington, D. C.: American Council on Education, 1977, p. 198.

〔2〕 蔡元培，《北京大学 1921 年开学式演说词》，见梁柱：《蔡元培与北京大学（修订本）》，第 137 页。

的挑战与影响。事实上，资讯科技已经迅速地渗透到我们的日常生活中来了，在商业、娱乐、文化各领域中正在产生迹近革命性的变化。那么，它对大学的影响会如何呢？征诸过去大学发展的历史，大学是不容易改变的，科学革命、工业革命几乎都是在大学门外发生的。近八十年前，爱迪生认为电影将"注定将我们的教育制度革命化"，1957年福特基金会报告预见地说，电视"自活版印刷术出现后为教育发展提供了最大的机会"。这些预言后来证明都是绝对夸大了。今天，也有人认为资讯科技将使我们熟悉的大学制度寿终正寝。我敢肯定地说，这样的预言也必然被证明是夸大的，不过，资讯科技对于大学制度肯定会产生深远的影响；它会影响到传统教与学的性质，诸如时空的改变、教者与学者角色的改变等，在根本层次上，它甚至会影响到知识的性格，诸如什么才算是知识？知识是如何产生的？人在知识产生的过程中是如何参与的？知识又当如何评估？[1]资讯科学对于大学之"功用"提供了极大的机会，也即它对大学之教学、研究与服务三方面的功能都有增加、扩

---

〔1〕 关于资讯科技对高教或大学的可能影响，参 P. J. Gumport & Marc Chun, "Technology and Higher Education: Opportunities and Challenges for the New Era", in P. G. Altbach, R. O. Berdahl and P. J. Gumport eds., *American Higher Education in the Twenty-First Century*, *op. cit.*, pp. 370-395。

大其效率与效能的机会，因此没有一个大学可以有不利用这些新科技的奢侈。可是近年新设立的大学，如 1990 年在美国弗吉尼亚州设立的 Mirus University，1995 年在亚利桑那成立的 Magellan University，或美国西部设立的 Western Governors University，全面走上虚拟教学（virtual education）的数字大学之路，则与我们现有的大学大为不同，它们是没有校园的大学，是没有"学人社会"的大学。我个人不会喜欢这样的大学，但我认为它们会有生存发展的巨大空间。它们会是"另类"的大学，不会是 21 世纪大学的主流。无论如何，21 世纪的大学系统将比 20 世纪更为多元化，大学的功能将更为区分化，大学的素质将更为层级化，而大学之理念与角色也将会在新的社会条件下有新的思考。

人文教育在现代大学中的位序

　　各位老师、各位同学，女士们、先生们，我今天非常高兴能够在人文大讲堂与大家见面，今年是东南大学立校一百周年，我特别先向各位祝贺，因为贵校校庆那天我不能亲自来这里做报告。东南大学，有很不平凡的历史，培养了非常多的人才。据我了解，你们学校目前是以工为主的，是一所包括理、文、商、医、艺术多种学科的综合型大学。1990年你们成立了人文社会科学学院，1999年东南大学成为国家大学生文化素质教育的一个"基地"。对我讲，"基地"这概念十分新，很刺激。基地，好像这是一个……你知道什么游击基地，什么导弹基地，往往有一种战争气氛。但这是人文基地。一踏进东南大学，就有一种人文氛围。贵校的简介给我的印象，是希望把学生培养成"完整的人"，我看，你们个个都很完整呢！（笑声）的确，今天，教育所培育的往往是"半个人"，甚至三分之一个人，所以贵校要培育学生为完整的人，我非常赞成，如果不赞成，恐怕也不会邀请我，我也不会来了。东南大学在历史上文科有很辉煌的成就，出过很多显赫的名家，可以说是星光灼灼，有杰出的历史学家、文学家、美学家等。贵校简介说新东南大学希望在人文方面有更大的扩展，我相信在第二个一百年开始的时候，东南大学必然会有一个很成功的新的长征、新的飞跃。我今天讲的题目就是针对你们提的问题，因为你们是希望在一个以工科为主的大学里发展人文，我讲的题目是"人文教育在现代大学的位序"，希望跟东南的老师、同学交换点意见。

首先我想谈一谈现代大学的知识结构是怎么样的，我讲的是现代大学，是指19世纪以后世界上出现的那种新的大学。西方18世纪启蒙运动之后，大学所展现的知识的结构是怎样的？什么样的知识才能在大学里有位置？我想起你们的前身三江师范（还是二江？），贵校的历史悠久，校名也一变再变，你们在座的人能不能把一个个名字通通讲清楚呢？我想有八个之多吧。现代大学，我要强调，现代大学这个美丽的东西是西方来的，我知道东南大学是过去的国子监的所在地，国子监有点类似大学，但不是今天的现代大学的意思，所以我首先要强调，中国的现代大学的知识结构是中国学术文化"现代转向"的一个开始。从某个意义上讲，这是西化的现象，是中国受到了西方文明挑战，力求发愤图强的回应，你可以看看，三江也好，二江也好，很多学校，包括北大的前身京师学堂都是在这样的新文化背景下产生的。这意指什么呢？简单说，就是要学西方的知识，我们今天大学里的知识结构跟我们传统的学问是很不同的，不是说二者完全不能交接，但基本上是不同的。

现代大学的源头是什么？那是西方的中世纪大学，往往很多人认为西方中世纪是一个黑暗时期，过去的许多历史学者都这样讲，不过现在很多人不认为西方中世纪是那么黑暗的了。至少中世纪时代有一盏一盏的明灯，那一盏盏的明灯是什么呢？就是大学。中世纪的时候开始有大学，那时大学规模跟贵校当然是不能相比的，那是很小的学校，大学的知识的结构也是很简单的，但值得一提的是，中世纪的大学有一个世界性的观念，当然，西方世界共同的信仰是基督教，那么，什么是大学共同的语言呢？不是普通话，也不是英语，是拉丁文。西方人有西方的天下，中国人有中国人的天下。在那个时候他们的世界就是一个基督文明的天下。中世纪时，大学与大学间都是可以流通的。一个大学的教授从巴黎到罗马到什么地方的大学去的话，异乡的大学都会请你进去休息休息、坐坐谈谈、论道论道。中世纪大学的世界性是很有意思的，今天大学的世界性更强了，大学之间教授互访、学生交换是很普通的事，比如说，你们请的教授可以从哈佛来、可以从牛津来、可以从香港来，就是说你这个大学是世界大学群的一员，现代大学的源头来自中世纪，中国的现代大学也可说是源于西方的中世纪。就东南大学来讲，当然你可以追溯到三江，仔细看的话，也是借意于西方的。再说，那只是一个师范学堂，不是一个大学，就算是北大当时开始的时候也是一个学堂，不是一个现代大学，到蔡元培任校长时，他对北京大学的改革，在知识结构的规划上说才像一个现代大学，怎么讲呢？蔡先生是受到德国大学的影响的，德国大学那时候最重要的创新精神就是着重研究，大家知道，我们现在都在讲研究了，但是"研究"这个观念以前是没有的，所以蔡元培先生把大学定性为"研究学理"的地方，在中国教育史上是划时代的。这"研究"两个字是现代大学的一个精神，史学家吕思勉先生，我不知道他是不是东南大学的教授，因为东南大学有太多了不起的校友，所以吕思勉是你们东南大学的校友也说不定，他说以前在中国出版界没听过"研究"这两个字。大学之重研究是德国开始的，而最能代表现代大学的诞生的应该推柏林大学。

19 世纪末，柏林大学可以说是现代大学的雏形，以后影响到世界，对美国的影响最强烈，20世纪初也影响到中国。
柏林大学原以人文为主，但到了19世纪末，特别是第一次世
界大战之前这段时间里，柏林大学的知识结构已包括两个最重
要的组成，就是人文与科学。人文与科学成为现代大学传授知
识与发展知识中最重要的两个领域。这个现代大学的新模式影
响到传统的大学，像英国的牛津、剑桥，美国的哈佛在那个时
候还差得很远，那个时候美国学者都须到德国去镀金、镀银。
现在国内大概没有镀金、镀银的说法了。那个时候美国学者不
去德国转一转，根本就说不上有什么学问。人文与科学在现代
大学里是两个根本的知识领域。现代大学与中世纪大学最大的
不同在什么地方？简单说，就是现代大学中，科学被肯定，并
赋予了中心的位置。到了19世纪，作为一种知识，科学已经
获得大胜，大家不要忘记，在19世纪之前，像在牛津、剑桥
这样的大学，科学都没什么地位的，尽管剑桥出过牛顿、达尔
文这样科学的巨人，但大学里科学却未受重视，倒是欧洲大陆
在大学里开始建立科学。当然，17世纪在欧陆已经发生了科
学革命，这是不得了的事情。有了科学革命，人们对知识的看
法就不一样了。我想起一个故事。19世纪木的时候达尔文发
表了物种进化的理论，当时科学界的一位名士叫赫胥黎，把达
尔文的理论普及化，影响极大。有一次他在牛津大学演讲，许

多打扮得非常漂亮入时的女士都慕名而来，但当她们听到人是由猴子变来的时候，就有几位女士惊疑得昏倒了。（笑声）科学到19世纪已经取得全面胜利，这对大学的知识结构产生了根本性的改变，科学进入了大学。我刚刚不是讲嘛，柏林大学原来是以人文为主的，到了19世纪末的时候科学进入大学后就与人文平起平坐了。中世纪大学的学问原来是讲"信仰"的，基督教文明嘛。经过文艺复兴，人文的地位提高了，但到了科学革命之后，大学的知识性格转变了，由"信仰"转变为"理性"。这是一个极大的转变。现代大学知识结构之变除了自然科学在大学的教育里取得了重要地位之外，还发生了哪些重大变化呢？我可以简单讲讲。一个就是从19世纪中叶到20世纪中叶（1850到1945年这段时间），社会科学这个新知识领域也成功地出现了。我想，贵校有些系也可以归到社会科学的，社会科学中有一个人的名字想必你们都听过的，就是孔德，当然孔德跟孔子没有亲戚关系，不过，你看又孔、又德的，怎不叫人想到孔府家属？（笑声）孔德讲过，人类社会的发展从神权到君权到民权，孙中山先生革命的时候他就用孔德这个话来讲的，孔德是社会学之父，也可说是社会科学的先驱。社会科学怎么讲呢？自然科学是研究自然的，社会科学是研究人间社会的，这也是现代大学的知识结构的一个新拓展。

谈到现代大学的新发展，社会科学之外，就是专业学科的大量扩张，传统上在西方大学有很重要的三种专业，即神学、医学、法学。今天在大学中发展很快很重要的专业是什么呢？科技！就是"工"，这个工，对整个大学知识结构冲击性是很大的，科学之外还有科技，科技这个东西也不是过去很多有名的古典大学所有的，比如说剑桥，有那么多出名的科学家，在相当时间里，就抵拒科技进入校园。在剑桥，19世纪末叶之后，科学已经没有问题，进去了，可是科技就是进不去，不让你成立，有些学者认为大学搞科技干什么？不搞！一直到20世纪50年代剑桥大学成立了丘吉尔书院，那是以科技为主的。值得一提的是，科技在美国大学却很早就受到欢迎，比如MIT、加州理工学院等成立都在百年以上了。一般传统大学，都没有科技，也就是没有工学院。在专业教育中，科技之外，20世纪，现代大学另一重要的发展是商学，尤其近年在知识经济观念的推动下，商学更成为大学的宠儿了，商学院办得最早的是哈佛。哈佛搞商学院的时候，美国一位很懂大学，也是创建普林斯顿高级研究所的弗莱克斯纳，他就说这很不像样，大学怎么设商学院。像弗莱克斯纳那么有眼光的人也会看走眼！人家知道时代不断在变，大学也不断在变，不能说今天大学如此，以后也一定如此。

现代大学中，人文、科学与社会科学是三个最主要的知识领域，然后就是专业学院的发展，这是今日研究型综合大学的知识框架。当然，综合性大学也有不同的型类，比如东南大学是一个综合性大学，但跟综合性大学的原型有点不同，你们是以工为主的，假如我讲的有得罪了各位的话请原谅。传统大学的原型是以人文为中心的，大家知道剑桥大学有个很出名的小说家，也是一个很出名的科学家叫斯诺，他写过一本讲两个文化的书，后来又续写过一本，两个文化是什么意思？斯诺说剑桥出了问题，像一个分裂的人，这边是人文，那边是科学，中间是一道墙、一条河。出现了两个文化，互不通气。他批评人文，说人文学者根本不了解科学，却要反对科学。他提出两个文化的问题，当时，在剑桥产生了大冲击，剑桥像利维斯等第一流的人文学家就忍受不了，大肆反击。两个文化论争的战火很快就扩延到大西洋那边的美国，实际上这是现代大学共同的问题，现代大学里，两个文化的紧张性是普遍存在的，不过，有点紧张性不一定是坏事，这种紧张性往往会产生有创造性的思维。说到科学与人文之间的紧张性，其实，今天不仅有这样的紧张性，现代大学中除了科学、人文，还有个社会科学，社会科学被人文和科学夹在当中，情况顶不好受，社会科学的知识性格依违于科学与人文之间，社会科学者本身对科学对人文也有畸轻畸重，有的比较倾向于自然科学，有的比较倾向于人文。我呢，是比较倾向于人文的。也许正因为此，陆挺才会请我来东南的"人文大讲堂"，要不然不会请我来。（笑声）

现代大学与中世纪大学，还有一个重要的不同。中世纪大学基本上讲教学，讲 teaching，讲 learning，而不是讲知识的创发。知识的创发不是中世纪大学所重的。大家知道韩愈写《师说》，"师者，所以传道、授业、解惑也"，你看看哪一样是创发知识的？都不是。从前教师的责任是教学，不是研究。这是正常的，西方以前也是如此的。知识的传播、传递都是教学的事，但是到了现代大学，尤其是研究型大学，越来越重视知识的创发、知识的推进，这是现代大学的性格。上面讲到现代大学的紧张性，现代大学的另外一个紧张性就是教学与研究之间的紧张性。这特别是对教师来讲的。现在，大学的教师每年必须要有著作发表，这是"研究"所要求的。对有些人来讲，教书本来是人间一大乐事，现在除教学外，还要研究，实在是很辛苦的。以前，称教师为教书匠，但现代大学的教师就不只是教书了。教书也不一定是他最喜欢的东西。现代大学，尤其是60年代的美国大学就出现了问题，很多有名的教授只埋首研究、写论文，都不喜欢教书，叫助教去教，而助教可能用机器播一播教授的笔记，学生更聪明，他们不来听你机器里播的，而是用机器来收你机器里所播的（笑声），当然这个现象有点近乎笑话，这还像话吗？其实美国真正的好大学，教授都十分重视 teaching 的。大学必须教研并重，我认为，大学不重视教学的话，还能算是大学？但我承认，在现代大学教学与研究之间的紧张性是存在的。因为大学成了一个知识开发、知识发展的重要地方，所以大学的知性倾向越来越浓，有位很重要的社会学家，已经过去了，哈佛大学的帕森斯，他说现代大学是一种"认知性的复合体"（cognitive complex）。这是什么意思呢？等一下我会讲。我要说的是，现代大学的"知识结构"是如此，那么，它对于人文教育造成什么样的影响呢？它根本的挑战在什么地方呢？

随着现代大学"知识结构"的变化，一种新的"知识范典"形成了，什么是新的知识范典呢？就是说什么才构成所谓的知识呢？一句话，是科学。就是说科学成了知识的范典。现代大学出现的新的知识范典，对大学教育产生了极大的影响。我们知道，不论东方、西方，传统上教育的目的都是在培育人的德性。我一进到你们校园，陆挺就带我去看上面写了"止于至善"的校训，不是说求真理啊，是求"至善"，善是什么？德性，这是一个与真理不同面向的东西，希腊哲人亚里士多德讲教育，最主要的目的是要给市民培养一种有德性的生活。欧美教育一向以来也是重视德性和知性两方面的，也即是德育和智育。传统上教育的目的都有这两样东西。中国呢，《大学》所讲的大学之道，"在明德，在亲民，在止于至善"。这是讲德性，这是作为一个人、作为一个国民、作为一个公民都不能不讲的。在这里，我想提一提香港中文大学新亚书院创办人钱穆先生。他说，中国学问有三个系统，第一个系统是人统，第二个系统是事统，第三个系统是学统。他说三统中以人统最重要，人统的中心讲做人，中国人说学者所以为人也，做人嘛，做人之道嘛。你有时听到这样骂人的话："你这个人怎么搞的，你读过书吗？怎么连做人都不懂！"这句话背后的意思是：做学问就是学做人。讲到事统，事统就是经世之学，用今天的话讲，就是实用之学，就是专业，讲怎么做事。再讲到"学统"，对了，你们有一位很杰出的校友，在贵校简介中未见他的名字，但我相信他是贵校校友，他是唐君毅先生，他是香港中文大学新亚书院的一位哲学大师，他在1958年与牟宗三、徐复观、张君劢在1958年元旦发表了一篇《我们对中国学术研究及中国文化与世界文化前途之共同认识》的宣言。这是一篇人文章。它提到，中国学问中事统、人统是没有问题的，但学统则是有问题的，他们指出，中国人能自觉地成为一个"道德的主体"，一个"实用活动之主体"，但是作为一个"纯粹认识的主体"的意识则并不强，而且是最难的。这也就是说中国的学统是相对薄弱的。上面我们讲现代大学变成了一个"认知性的复合体"，以是，每个人必须成为"纯粹知识的主体"。现代大学，严格讲，已不讲或很少讲人统，事统是讲的，但最膨胀的则是学统。

西方传统大学讲授些什么东西呢？文学、历史、哲学等，这与中国过去的四书五经并非截然不同，在传统时代，不管东方或西方，所需知识或学问，都可说属于"人文"的范畴。我上面讲到，19世纪之后科学进入大学，大学的知识结构发生了重大变化。讲到这里我想插几句话，胡适大家都知道的，胡适讲过"五四"时德先生（民主）与赛先生（科学）来到中国，德先生的命运不是那样的顺利，更不是飞黄腾达，但是赛先生一到了中国就不得了，变成万能博士，每个人都崇拜它，赛先生到处横冲直撞，成了新的神，当然影响到大学的整个知识的结构。我上面讲过，科学革命是17世纪开始的，可是却发生在西方大学的门外，与大学没有关系。英国是第一个工业国家，英国的工业革命在哪里发生呢？是在剑桥、牛津大学的门外发生的，不是在大学里边发生的，我刚才讲到大学真正有科学是在19世纪，但科学一进入大学之后声势就不断高涨。人文学，很多人把它译成"人文科学"，我个人不赞成译成人文科学，应该译成"人文学科"。的确，在科学的光辉之下，加上"科学"两个字似乎给人文增加了光辉，但我认为把它译成人文科学是有问题的，诚然，现在人文学逐渐地已受到科学的侵蚀，连人文学者的思考方式也不知不觉地科学化了，人文学真正变成人文科学了。人文与科学之间的紧张，越来越大了，其实所有的学问都受到了科学的影响，我刚才讲胡适已经看到"赛先生"的无所不能、无所不在了。讲真的，科学威力是越来越厉害了。有一位社会学家盖尔纳（E. Gellner）说："过去的科学是在世界之中，现在的世界是在科学之中。"这句很能说出科学在今日的重要性。德国的哈贝马斯说今日的文明是"科学性的文明"（scientific civilization），是很有道理的。科学的发展，使我们对"人"的看法都变了。我们中国以前讲人，什么是人啊？马上会想起孟子的话："人之异于禽兽者几希？"长期以来，我们讲人，总是跟动物来比，并以此显出人之为万物之灵。说实在，我们把动物欺负很久了。我们骂人，就说"你这个人那么蠢，像猪一样"，"你脏得像猪一样"，"你这个人连狗都不如"，动物不会回话，任我们人类欺侮，我们现在发现，动物不是这样子的，猪是又干净又聪明，狗的话更是忠贞不贰的，所以，现在有的人对狗，对猪，对动物的看法已经完全不一样了。说来，孟子真是聪明啊，他说"人之异于禽兽者几希"，今天科学家告诉我们，黑猩猩与人的基因有99%是相同的，我当时看了这个发现差点昏倒！（掌声、笑声）但是后来我一查，那所差的1%原来是乾坤甚大的，那所差的1%已经可以让人安心了，没有问题，我们不会变得跟黑猩猩一样。不过，今天的问题不是人跟动物有什么不同，而是人跟机器有什么不同，今天应该说："人之异于机器者几希？"这话怎么讲？现在我们知道有机器人（Cyberg）。今天，人的肺不好，没关系，装个小机器，换上就得了；哎呀我的心痛，没关系，换个小机器就得了；胃不好，也换上个小机器吧。但问题来了，你身体器官换了几分之几，到底是机器还是人呢？你换一个两个的，没有说你不是人啊，可是你五脏六腑差不多都换了，你到底是机器还是人呢？最近英国有个人他就放晶片进入身体了，各位，尤其你们年轻的同学，你们面临的是个美丽的勇敢世界啊！小心啊！我大概没什么关系了，因为这个美丽的勇敢世界最后的样子我大概是看不到了。不过人与机器的问题，使我们不能不思考科学（技）这个大问题，科学（技）与生活、与人生的关系是越来越密切了。譬如讲这个东西（手机），千里之外可以传音，它把时空都改变了，当然也把我们人文世界改变了。你们喜不喜欢看唐诗啊？我告诉你，你们作为工学院的学生，想要证明你们的人文修养，要多背几篇，看到天欲将黑的时候，吟一下"床前明月光"多有趣味啊！这就进入中国的人文世界了。你分析一下唐诗，哎呀，感情之缠绵高远，真难消受，这些诗都不脱个情字，但讲什么情呢？讲离别，唐诗很多都是咏别离的，可是有了这个东西（手机），有离别，但难有离情了。你去美国，到了那边给我来个电话啊！就这么一句话。哦，你现在到了。好，我现在吃饭呢，再联络吧！古人的离情别绪全不见了，你不会像杜甫送李白那样，写出"明日隔山岳，世事两茫茫"这样深情无奈的诗句。那时候，隔了山就音讯不到了，现在科技把这些物理条件都改变了，你能说科技没有大影响吗？不过，是不是我们的人文世界就因此完全贫乏了？那也不是，换个角度，有时可能更丰富了，我们可能不再为离别太伤感，也可能少了离别的诗词，但是，我们为其他的人间事也许会多一点感情，人间是不会没有情、没有文学的，讲了这么多话，不过是要说明科学技术对人生、对生活的影响。

我想强调的是，在科学大胜之下，大学知识结构浸浸成为一个"认知性的复合体"，出现一种排他性的"知识的科学典范"，即是说，一定要属于科学的东西才算是知识，什么都以科学为尺度，对科学的崇拜导致了"科学主义"，科学主义的意思是说，不只是认为科学是知识的一种形式，而且把知识与科学等同起来，科学就是知识，知识就是科学。事实上，现在一般人的思维已经逐渐接受了这种科学主义。其实，知识（knowledge）可以有多种不同的属性，科学性知识之外有其他的知识，而科学主义不只是把科学看作是一种认可的知识，它根本就把科学等同于知识了。这当然是不合理的，而这不仅在中国有此现象，在全世界都有这种趋势，在这种科学即是知识的意识形态下，任何一种知识都必须挂上科学的面貌或者尽量使其"科学化"，才能享有"知识"的地位。社会科学一开始就有强烈的科学化倾向，即用研究自然世界的方法来研究人间社会。诚然，不是所有社会科学者都认同这个观点，但它是一个主流的思想。刚才我提到了，不但科学进入社会科学，使社会科学科学化，科学也进入人文学中了，譬如说我们研究唐诗，有人用电脑来帮忙，看看其中多少个"的"字，多少个"之"字，多少个什么字来，然后再去进行分析，是的，这是"科学"的分析，你说不是吗？有没有价值？这不是我要说的重点，我所要说的是，在科学主义的意识形态下，人文学研究要借光于"科学方法"，才能显出它的"科学性"，才能取得知识的合法地位。问题在哪里呢？简单说，这就是"知识的科学典范"的问题。美国的社会学者贝拉对此有很好的分析。我告诉你，这是对人文学一个非常深刻的挑战。剑桥大学有一位教授，一位著名的历史学家普伦普（Plump），他就说，在科学主义的知识典范下，人文学者已经被剥夺了作为一个知识人的"知者"（knower）的位置了，他认为这是文艺复兴以来对人文学者的最大的压力，哈佛大学有一位人文的学者，他叫布什（Bush）。请注意！他不是那位搞单边主义的布什总统，他说今天人文学者好像是跟在凯旋的知识队伍中的一个步履蹒跚的落后者，也像一个空荡荡的博物馆中，一个孤独的看门人。当然，布什教授是悻悻不快的。请问，我们中国的人文学者的形象又如何呢？我今天就是要为人文学讨个公道。我的问题是，人文教育在现代大学应该怎么样定位？它在大学里，应该有怎样的一个位置？首先我要劝人文学者千万不要乱批评科学家，千万不要乱批评工程师，尤其在东南大学，对不？（笑声）为什么？简单说，他们是有贡献嘛，他们是重要啊，我们常听人说科学这东西害人，但这话有多少人真会信服呢？今日人类的文明是离不开科学与科技的，今天讲文明，不能不讲科学，离开科学技术讲文明，你的论点就不会深刻的，是的，在今天的义明结构里不谈科技，任何谈论都不会深刻的，都是空的。人文学者，千万不要以轻蔑科技来抬高自己，我必须要承认科学技术在人类社会发展中的贡献，科技的发展一日千里，对人类文明性格的影响越来越大。诚然，我们对科技有时候也会不开心，昨天晚上月亮很大，但我一看上头有一面美国国旗，我就感到不是味道。以前读到"嫦娥应悔偷灵药，碧海青天夜夜心"的诗句，有无穷诗意的想象，美国的国旗一上去之后，我就再看不到美丽的嫦娥了。科技把我们诗的想象世界改变了，这不是焚琴煮鹤，大煞风景吗？月亮上有什么呢？科学家告诉我们上面没有嫦娥，没有美妙的月宫。无疑的，科学对自然世界的事的确取得了最大发言权。那么，我们要再问，科学对人间社会的事是不是同样有最大发言权呢？它是不是对人间社会的掌握同样有那么大的能耐呢？是的，有的社会科学家就认为人间社会一样可以由科学方法来找到规律，人间社会的事一样可由科学来处理。但是，社会科学到现在为止并没有发展出类似自然科学的律则，有的人说这是因为社会科学年轻，还没有出现牛顿，有的人就在车站等待社会科学的牛顿的到来，但也有社会科学者就不这样想，认为干等社会科学的牛顿的到来是白费心计的，这不是牛顿会不会来，是你根本等错了车站！不一样的，社会科学跟自然科学不是一样的东西。可是长期以来社会科学倾力向自然科学靠拢，这个我是不以为然的。但是我们还要问，到底哪一种学问才有权说掌握了人间社会的知识？科学无疑是其中一种学问（知识），但是科学不能是垄断性的学问，它不能是人间社会的垄断性知识，也即不能垄断性地用自然科学的知识典范来理解、探索人间的社会。我想起《红楼梦》里面两句话："世事洞明皆学问，人情练达即文章。"这是讲了解人间世界的经验与体认就是学问，但这是不是科学知识呢？不是！在一个科学的知识典范下，不是科学的知识就被剥夺了知识的身份。现代大学是产生、发展与传递知识的地方，也因此，很多中国（西方的一样）传统的学问在大学里都没有立足位置了。

大学是产生、发展及传递知识的殿堂，但大学教育所包含的知识不是，也不能限于科学典范所规限的知识。近年，联合国文教组有个报告，很有意思，提出 21 世纪的教育应该注重的四个知识维度，第一个是 learning to know，学习怎么样去理解东西；第二个是 learning to do，学习怎么样去实践；第三个是 learning to live together，学习怎么样与人相处（应包括怎么样与自然与动物相处）；第四个是 learning to be，学习怎么样成就自己。就这四个知识维度来讲，科学的知识能有助于上面所讲的 learning to know，learning to do，而未必能有助于 learning to live together，learning to be。我们应了解，大学教育是不能只限于科学的知识的。知识是多维度的，把知识局限于科学知识，便不啻把知识单维度化了。大学所重的知识，有的属于美学范畴，有的属于伦理学范畴的，不然的话，"止于至善"这个话就没法讲，不能讲了。我刚才提到你们的杰出校友唐君毅先生，他说中国传统上有一种学问，是把人类自身作为主体的存在者看，而求此主体之存在状态逐渐超凡入圣，这种学问有别于科学的知识，这种学问就是中国的理学，就是中国的心性之学，中国的圣学。依我看，在西方，19世纪丹麦的哲学家齐克果，他的实存主义的哲学就很近唐先生所讲的"圣学"。我为什么讲这些话？就是要强调学问或知识是多维度的、多种属性的。多种属性的学问或知识在大学都要有位置，都要受到尊重。讲到底，这涉及大学教育的目的了。现代大学教育的功能应该在建构一个自由与现代的文明的社会。中国追求现代化、探索现代性，就是为中国寻求一个新的文明秩序（civilizational order），中国传统社会有一个文明秩序，但传统的文明秩序已发生巨大的变化，在变之中当然有传统承续下来的，也有创新的，这就是我们百年来不断寻求新的制度建构。现代大学就是中国现代化过程中一个重要的制度建构。大学在根本意义上是建立现代的自由与文明社会的重要诞生地。大学教育是为了培育"全人"（whole person，total person），这不是指"完人"，是指完整的人、全面向的人。上面提到的布什这位人文学者，他说，人这个高等动物，本质上是非常贪婪的，人这种性格就需要把它"文明化"。诚然，中国哲人孔子、孟子都这么讲，尤其是荀子讲得最清楚，很多欲望你要用"礼"来规范它，让它上轨道，要把它文明化。人文学问是文明化中一个主要的关键。教育讲到底是要使人文明，因为人文学包含的是人的全面性经验的结晶，通过人文的思考、人文的想象力、人文的教育，人的心灵性格都会转化。人文学所关心的是美、是善的问题，是人存在的问题。科学所追求的是真，它的研究方法是最严谨的，但它一定会涉及一个减约（reduction）的问题，把复杂的事物减约到可以用数字操控的东西，好像伽利略讲的，自然是一本书，要读懂这本书，就要知道大自然这本书是怎么写的。他讲，大自然这本书是用方块、长方形、圆形写成的，它们都是可以用数学语言来表达的。所以你要了解自然，你一定要把它减约化，但人文事象很难，或不能加以减约化的。刚才陆挺带我去看你们的镇校之宝，就是那棵千年古柏，是六朝的，我看了很久，很着迷。但我看到的跟东南的老校友看了抱头痛哭是不一样的。我是欣赏，欣赏它的沧桑之美、古拙之美，但是你们老校友见了它，好像见到了久别的母亲，古柏像是久盼游子归来的慈母，这种感觉、这种思维，不是科学的，是人文的。科学家如果只从科学角度来看这棵古柏，那么他的科学兴趣只会使他研究植物学上问题，多大树龄？木质如何？在什么样条件下可以维持古柏的生命？东南大学的科学家一向有好的人文素养，我认识的几位科学家，都有极佳的人文修养，我听说杨振宁先生今年也会来东南，杨先生的人文修养是一流的，中文大学的校友丘成桐教授，他是现在世界上顶尖的数学家，他的人文修养也很好。科学家有人文素养就不同，做一个"人"，科学家是不能没有人文教育的，托尔斯泰讲过一句很重的话，他说科学是没有意义的，这是什么意思呢？当然，他不是说科学本身没有意义。他是说科学对"我们将做什么？我们应如何活？"这样重要的问题，就答不上了，就没有意义了。我们应怎样活？怎样生？怎样过有意义的生活？怎样有一个有意义的"人生"？对于这些问题科学是不能告诉你答案的。对于科学本性的了解与体认，很少人比20世纪初的德国社会学家韦伯更深刻。他在一篇《科学作为一种志业》的演讲中指出，科学与理性不能够为"意义"的问题提供答案，韦伯没有说科学不重要，他完全肯定科学的重要，但他认为在意义的问题上，科学与理性只能为我们提供一种"手段"，而"目的"则是由我们的价值来决定的，我为什么这样做？因为我有一种价值取向，所以价值是最后的声音，是最后决定的声音。韦伯给科学定性，他一方面肯定科学，一方面又规限科学的影响范域，他认为科学不能告诉我们应该做什么。关于意义的问题，只有凭自己的良知与自己的信仰来决定，韦伯是要为良知与信仰寻求自主性。在他，个人的良知是超越的，而科学与理性则是工具性的。科学是价值与良知的仆人。与托尔斯泰是一样的，对于韦伯来讲，当良知宣称"我站在这里，我不能不这样"时，理性是必须臣服的。人有时候"知其不可为而为之"，为什么？因为这是你的价值观，是你的良知的指令。应指出的是，目的与价值都是决定过程中的"非认知性"（non-cognitive）范畴，而这些是需在科学之外的学问中求索的，这也正是人文学的知识领域。

讲到这里，特别要讲一讲开启中国现代大学教育的蔡元培先生。蔡先生在北大倡导美育是大家知道的。实际上，他心目中的大学教育是文、理的融通，要打通科学与人文的界限。他要大学为共和国的青年培育"完全之人格"，主张美育与智育并重，以此为新教育之要纲。他说："有了美术的兴趣，不但觉得人生很有意义、很有价值，就是治科学的时候，也一定添了勇敢活泼的精神。"又说："常常看见专治科学、不兼涉美术的人难免有萧索无聊的状态。"

蔡先生讲美术、讲美育，使我想起与他同时代的德国社会学家韦伯与西梅尔（Simmel）。韦伯与西梅尔都对美学有很独特的见地。韦伯告诉我们，现代人倾向于把道德判断转为品味（taste）的判断。他说："对于行为，从道德的判断转向美学的（或品味的）判断是知识化时代的共通特性。"

西梅尔对现代文化的状态有极深的体认，他讨论到对现代化的回应问题，其中之一是美学的回应（aesthetic response），即通过艺术而求救赎。他在论罗丹的文章中说，罗丹使我们在艺术中再次体认到生命最深刻的意义。我想各位看过罗丹的雕刻，譬如那座著名的《思想者》，那座《巴尔扎克像》，或一系列表达爱、欲的雕像，都会产生心灵的震颤，都会对生命油然而生一种参悟。

总之，对人本身、对人间社会的理解与掌握，对美、对善的品味与体认，对信仰、价值的承诺与执着，都不是科学、理性的知识所能担当，更不能垄断的，这些正是人文知识、人文教育能够提供的。诚然，现代文明越来越加重了"科学的属性"，但人类的文明永远不是科学所能包办的，人类的文明永远需要人文的滋养与丰润。我们试想想：

西方文明，如果没有了《圣经》、荷马，没有了柏拉图、亚里士多德，没有了达·芬奇、米开朗基罗，没有了莎士比亚、歌德，没有了贝多芬、莫扎特，没有了梵高、罗丹……这许多许多的人文的精华与人物，会是怎样的西方文明呢？

我们试想想，中国文明如果没有了《易》《诗经》，没有了孔子、孟子，没有了朱熹、陆九渊，没有了《史记》《汉书》，没有了李白、杜甫，没有了韩愈、苏轼，没有了韩幹、石涛，没有了王羲之、颜鲁公，没有了《正气歌》《满江红》，没有了《红楼梦》《三国演义》……这许多许多的人文的精神与人物，会是怎样的中国文明呢？

我们再想想，人类文明的科技组成将越来越大，而由于科技无可避免的发展与膨胀，人间社会的运作、人之行为的规范，乃至人之所以为人的根本属性都将受到深刻的影响，也正因为这样，人文在现代文明的结构中的地位必更需重视，人文的独立性必更须加以护持。我深信"人文教育在大学的位序"是不言而喻的。谢谢。

（2002 年 5 月 23 日应南京东南大学之邀，在其人文大讲堂演讲，此为演讲实录的修订版）

附　录

四十年来的中大

今年是香港中文大学成立四十周年。中大四十年的历史是一所中国人创办的大学，由诞生而成长而茁壮而腾飞的故事。这个故事与香港四十年来由一殖民城市成功地转化为一个国际都会的伟大故事是同步展开的。

中文大学诞生于 1963 年，它由新亚、崇基、联合三所书院整合而成为一所中国人社会前之未有的书院制的现代大学。创校校长李卓敏先生是一位有浓厚中国意识和深刻国际眼光与襟怀的学者。他主张"结合传统与现代，融合中国与西方"以为中大学术发展的路向，在他就职的演说中，更一而再，再而三提出立足香港，面向全球，以建立中大为一国际性学府为目标。值得一提的是，中大一开始即推行中英双语文政策，在英国殖民地时代，这绝不是一件理所当然的事，而这个双语文政策显然大有益于中大在高教全球化中的发展与竞争。

中大在 1966 年成立研究院，这是香港高等教育史上的一个里程碑，这清楚标示了中大在立校之初就决定要成为一所研究型的大学，把研究与教学放在同等重要的位置。四十年来中大在百年树人、培植人才之外，在创造知识、发展知识与应用知识上不遗余力，此中大所以能在国际上声誉鹊起，而在高唱"知识经济"的今天，中大一早的自我定位最能见出中大前贤们的远见与抱负。

四十年来，中文大学的成长与发展，也许最容易从它的校园建设看出来，原来马料水的濯濯荒山，已变为拥有一百四十多幢建筑、依山傍海、气象万千的壮丽校园。三月时分，一树树的紫荆、一丛丛的杜鹃，姹紫嫣红，香港没有哪里比中大有更浓的春的信息。中大已是一个宜人宜鸟宜鱼宜万千树木峥嵘竞秀的绿色校园，人文与自然相拥相抱，浑然无间矣。在海之滨崇基书院的"未圆湖"，灵秀清丽，与北大的"未名湖"，南北遥遥呼应，而山之巅新亚书院新建的"天人合一亭"，坐看马鞍山之雄奇、八仙岭之玄美，已悠然忘情，而亭之一泓清水与吐露港之海色接成一线，人天相感相应，天人合一之境豁然而出。我美之曰"香港第二景"，谁曰不宜？四十年来中大的校园，筚路蓝缕，经之营之，在无数访校的国际学人口中，已被赞为世界最美的大学校园之一了。

在气象万千的壮丽校园里，四十年来中大在制度的建构上、在人才的培育上、在学术的研究上，才真正是中大的发展与成就。今天，中大已拥有四所书院、一个研究院、七个学院、六十一个学系、一个庞大的图书馆系统，以及近百个研究所、研究中心、实验室，巍巍然形成一所研究型综合大学的大格局。创校之初，中大只有1600多个学生，现在已增至15000人，其中9000本科生，6000研究生，今届毕业生就有5287人。到今日为止，中大的毕业生已近7万之数。我要骄傲地指出，树木树人，中大的校友在各个不同的领域都有十分杰出的表现。在学术、教育、金融、商业、政治行政、文艺音乐、新闻传播等各界无不人才济济，头角峥嵘。简单说，在香港由一殖民地城市转化为一国际都会的过程中，7万个中大校友提供了巨大的创造发展的动力。今日今时，中大也已成为一所名实相符的国际性大学，在不少教研领域，我们已取得了国际性的肯定与声誉，一个显明的例子是，中大的MBA在2002年8月被Asia Inc.评为亚洲第一，EMBA亦为伦敦的《金融时报》（*Financial Times*）评为亚洲第一，在世界居第二十位。四十年来，中大师生的奋力精进，日新又新，使中大已经无愧地跻身于世界大学之前列。

中文大学四十年来，一步一脚印，一阶段，一台阶，层层上升，从20世纪跨进了21世纪。有所守，也有所变，中大刻刻在求新，求发展。漫漫四十年，中大人一直在走一条中大的卓越之路。中大念兹在兹，用心用力最多的是一所现代大学的制度的建构，其核心问题，即是大学的"治理"体制。大学校长个人的理念与风格固然会影响大学，但一所现代大学的作为与格调却决之于大学之治理体制。中大四十年来对治理体制之建立一直在自我审省中不断自我完善。中大的治理体制无疑有中大自己的特性，但却完全具有现代型大学的共通品质，就莘莘大者言，中大对"大学自主"与"学术自由"这两点是从不含糊的，它们是中大治理体制中的天纲地柱。当然讲大学自主与学术自由，不能不同时重社会的责任与学术的责任。中大的一切作为，如对教学素质、研究素质的保证，均有具体机制，尤其是教师的聘用、升迁、奖惩都遵循一套透明与客观的程序。中大多年来任何一位教师的延聘，莫不是通过严格的国际选拔的途径。在这里，我想指出，自20世纪80年代以还，中大已完全可以与英美杰出的大学竞争人才，其中一个很重要的原因是，中大能够提供一个很有吸引力的薪资与研究环境。在过去二十年，大学教师的待遇可称优厚，不过它在香港言，比之中学、小学教师的待遇并不偏高，比之私营机构或专业（律师、医师）也不偏高，比之政府公务员的待遇更是绝不偏高，但它在国际上却使大学有竞争优势，这是过去二十年香港的大学的素质突飞猛进的一个重要原因。没有疑问，中大之得以有大发展，讲到底是得力于香港政府与社会的奥援。中大是一所公立大学，资源主要来自政府的调拨，而中大自创校以来始终受到香港社会的慷慨捐助，历届大学校董会与书院董事会诸君子对大学之督导与支持更是不遗余力，从这一点最能体认到中大四十年之大发展与香港这个伟大城市是密不可分的。

从 1963 年到 2003 年，中大与香港同步走了四十年。这四十年，不只是中大的升起、香港的升起，也是亚洲的升起，钱穆先生创办的"新亚"即是指新的亚洲。无可讳言，香港目前经济不济，财赤严峻，而中大亦面临重大的预算削减。此日此时，中大人与香港人可说是风雨同路。诚然，我们不可低估形势之艰难，但我们也绝不可自失信心。作为一个城市，香港整体现代化的制度力在全球化的挑战中自具有难以取代的优势；作为一间大学，中大更拥有厚积待发的上升力量。我们没有理由不能克服眼前的困难；没有理由不能应接面对的挑战。四十年来，香港建构一个亚洲伟大城市的工程，不会停止；中大建构一所亚洲伟大学府的工程，不容停止。中大人与香港人一定会在风雨同路中，走出一个朗朗晴日，走出一片蓝蓝新天。

访问金耀基教授 *

香港中文大学校刊编者（以下简称编者）：你在就职中大校长的讲词中提到，你"无须像几位前任校长般，在就职的时候要就校长的职位做长时期的承诺，但一样感到责任的沉重。一日做中大校长，就要做一日中大校长应该做的事"。当时你觉得有什么责任，你觉得中大校长应该做什么？

金耀基：现在回想就职当日，我当然知道我站在中大历史的什么位置和我所肩负的责任。因我任期不长，所以曾说"任重而道不远"。我于 1970 年加入中大时，我知道中大要成为一所中国人办的国际性大学，这是创校校长李卓敏博士的理念。中大对中国文化的发扬有责任，对中西文化的会通也一样有

　＊　访问记原载《中文大学校刊》2007 年春季特刊。

承担，同时强调中大的中国性和世界性。我强烈感觉到中大是一所自许极高的大学，我们可以用 great university（伟大学府）的概念来形容中大的自我期许。我认同中大应有这样的自我期许。四十年来，追求卓越，日新又新，有所变，也有所守，中大在世界大学之林中已卓然而立，而今日在高等教育全球化愈来愈烈的形势下，要保持中大的竞争力，便必须在教学与研究的素质上不断提升，唯有这样才能为香港乃至中国培育第一等的人才。任何人担任中大校长之职，不能不感到责任之沉重。

编者：蔡元培说过，大学的功用为领导社会和服务社会。你觉得领导和服务这两者本身是否有冲突，或者已有从属的关系？

金耀基：蔡元培先生当年主持的北京大学，是新文化运动的重镇，鼓吹的新观念和新思潮，风动全国，这是一所大学"领导社会"的例子，却是很特殊的。在今日知识导向的社会中，大学创发的新知识和新理论，直接和间接地都会影响或带引社会的发展。说到"服务"，大学研发的知识、大学培育的人才，都是对社会最大、最主要的服务。在这样的理解下，领导和服务两者基本上是没有冲突的。当然，如果把"服务"的概念任意扩大，以致失去分寸，负面地影响到大学的核心任务，即是教学与研究，那就会有矛盾，会有冲突了。

编者：你曾经提到大学必须有所守和有所变。可以谈一下吗？

金耀基：一所成功的大学，在它的发展过程中，都必须有所守，有所变。我对牛津和剑桥这两所古老大学的历史演变曾有过这样的观察。其实，百年来，特别是二次世界大战之后，世界一些著名的学府无不经历了多次的大变化，都在变中成长壮大。变是发展的主调，变的动力多数是外在的，不过它们在变中仍会坚守大学的核心任务，那就是在教学与研究上追求卓越的决心与执着。今天全球化的态势十分激烈，任何一所有作为的大学，不能不把自己放在全球的格局中，那样，就必须时刻自省自励，做出必要的变革，以保持全球性的竞争力。但无论作什么变革，都不能不坚守大学的核心任务。

编者：你在校长任内最后一份大学年报里说，你从来无意当中文大学的校长。现在回味那几年的事情，有哪些是最难忘的？

金耀基：是的，我从来没有想过要做大学校长。因为我从来不愿意放弃我的教研工作，那是我进入大学的初衷。2002 年校董会委任我的时候情形很特殊，我觉得没有什么选择，也不觉得要谦让，我毫不犹豫地承担起大学校长的责任。两年中，我要做的已经超过我原来准备做的，本来准备做一年，却做了两年。你问我觉得怎样，我觉得没有一分钟的悔意。

我在任内经历过很多事情，有些是完全不曾预想到的。我只讲几件事。我的校长椅子还没有坐暖，事情就来了。中大要庆祝创校四十周年，筹备了上百种活动，其中有一个是全球大学校长论坛，邀请了世界各地五十多位校长参加。可是，"萨斯"（非典型肺炎）突然爆发，外地人对香港都裹足。我立即去函所有的校长，解释论坛需要延缓举行。记得只有剑桥大学校长因早已起程，未有收到我的信。他来了，我在"萨斯"阴影下欢迎他，意义很特别。一年后，这个全球校长论坛才成功举行了。在"萨斯"开始肆虐香港的时候，当时的医学院院长钟尚志教授打电话给我，说要对外界讲市区爆发的情况，他希望有我的支持。我说你有绝对证据的话，我当然支持。这个问题非常严重，若市区爆发，是不得了的，香港经济必会受影响。我认为宣布市区爆发对香港是个极大的坏消息，但不把真相及时说出来，对香港的伤害会更大。事实证明钟院长做的是对的。在"萨斯"肆虐的几个月中，大学进入一个非寻常时期，曾做出港中大有史以来第一次停课（但不停业）的决定。同时，在以医学院为中心，其他有关科系的配合下，几乎不分昼夜，全方位地为克服"萨斯"而尽力。我校经历了最黑暗的日子，但最终打了漂亮的一仗。医学院几位老师也被《时代》杂志选为亚洲英雄。

在我任内另外一件痛苦而伤脑筋的事是政府削资，大学的财政预算大受影响。有一位外地校长到访时和我谈起，他说现在全世界许多大学校长都面对这个问题。他问我要缩减多少？我说是每年5000万元。他问："合美金多少？"我说："是美金5000万元。"他听了也咋舌。

幸好中大人都很理解和团结，难关还是一个一个地过了，中大整体的活力并未因削资受到太多影响。当然任内最开心的事就是法律学院的成立。这是中大一个意义重大的发展里程碑，对本地的法律教育影响深远。中大作为一所综合的研究型大学也因此整全无缺了。

编者：你在大陆出生，台湾长大，曾经在美国读书，在香港工作生活的时间最长，你很喜欢剑桥，你说在海德堡就像回到家一样。你怎样看这几个地方？你视哪处为家？

金耀基：剑桥和海德堡都是大学城，小而美丽，文化气息特别醉人，我虽是异乡人，却不感到零落，真是可以游，可以居。海德堡是社会学家韦伯读书著述的地方，对我而言，更有一份特别的感情。海德堡我去过多次，第二次去的时候，就有像回家一样的感觉。其实，作为一个现代人，一生中极可能在不同国度的地方住过、生活过，都可能有一种认同和感情；在某种意义上，现代的人，是一个无处是家而又处处是家的人。这是现代人之幸，还是不幸呢？说到大陆、台湾和香港，我都生活过，都有千丝万缕的关系。目前来说，香港是我的家，我在香港住得最久，工作的日子最长，亲人和朋友在香港最多，每次从外地回港，我就感觉回家了！

编者：你的《剑桥语丝》和《海德堡语丝》都是脍炙人口的散文集。你会写一本《中大语丝》吗？读者都在等待呢。

金耀基：我1970年来中文大学，1977年当新亚院长，之后做副校长、校长，这么多年，几乎与学校行政没有分开过。我主要是教书，但行政工作真是不少，老实说，行政工作是烦心的。我在剑桥和海德堡时，完全没有行政，也不需要授课，除了做几场学术报告外，完全是我自己的时间。所以在做社会学的研究之余，我就让压在心底的文学冲动释放出来，把自己的所见、所闻、所思，写成一篇篇散文，后来成为《剑桥语丝》和《海德堡语丝》。文字是一种因缘。中大在我心中是特殊的，也真有许多可写的东西。也许，有一天我会提起笔来。

编者：可以谈谈你的退休生活吗？

金耀基：我的退休生活是安适的，生活节奏不再像退休前的紧张了，至少作息已不需靠闹钟了。我有较多的时间看书，特别是专业以外的书，以前想看但未看的一些影带都心安理得地看了。去年底，我从头到尾看完了《大长今》，真好。不久前与老朋友游吴哥窟，有意思。不过，我必须说，退休后，我远远没有享受到"自由、自在"的生活境界。还是有颇多的会议要开，在本港和外地的，仍有不少咨询性的工作要做，有些学术演讲依旧推辞不了，甚至我原计划每周写一次毛笔字都做不到。一本英文书的稿我早排好了，就是没有时间定下来校阅。自己都觉得这样下去不行了。我必须在作息上再做调整，至少我要留多点时间跟隽轩（Adrian）玩玩，他是我的小孙儿，一岁多，正是牙牙学语时候。他是我退休生活中最大的快乐。

编者：请你给大学同事和同学一点忠告，好吗？

金耀基：我常会怀念中大的同事。我在中大三十多年，前后结识不少同事，许多人的才华学识、品格、能力，都令我欣赏钦佩。我任校长期间，更让我有机会认识全校不同部门的同事。他们的敬业精神，给我很深印象。在大学与"萨斯"战斗期间，在大学应付大量削资期间，我更有机会认识到许多同事出色的专业伦理，也看到许多同事任劳任怨，把中大整体利益放在第一位。我有幸与这么多优秀的教职人员做同事。中大能不断进步，中大之能在四十几年中赢得世界性的肯定，历年中大同事的劳心劳力是功不可没的。在此，我要向他们问候，祝他们健康愉快！对于中大就学的同学，我想跟他们说，大学从校长到教职员的用心用力，目的是要为同学打造一个最好的修业进德环境。希望同学们好好把握时间，好好学习，把自己充分地装备起来，成为一个创造事业、对社会有贡献的中大人。